n'd USA sckigga? Des freit mi! **Alexandra Mihm** Ländle, Linsa mit Spätzle, Kehrwoch',
schöne Jugend und Lehrzeit. **Karina Staripolsky** Erinnerung an die schönsten Ferien
Heimat! Es gibt bestimmt schönere Städte, aber auf dem Ra st seit
annend. **Ellen Christen** Mai Hoimed, wo i älleweil ebbes Neis **fgang**
und seid über 25 Jahren meine Heimat **Alex Foundweedinad** Mei Num-
eit verbracht, tolle, erfolgreiche Einkaufsbummel gemacht und durfte in der schönen
heißt es immer: Vor den Toren Stuttgarts, das kennt jeder. **Holger Strehlow** Mehr als
Zimmermann Mein Zuhause **Jadwiega Samadi** Seit 36 Jahren meine Heimat und die
Ort oder anderes Land, keine anderen Menschen oder Kulturen, keine anderen Ge-
e Stadt in Deutschland, in der mich jeder versteht. **Georg Dietl** Also in meiner Straße
s, wenn's hoch kommt, 20 % bei Schwäbisch und 60 % bei Norddeutsch. **Petra Holler**
nonga Überall voll mit tollen bunten Stickern **Michele Contrino** Mein erster Kultur-
Krimmel Ein sehr inspirierender Teil meiner DNA. **Michael Stöhr** Meine Heimat und
Lapehn 50 Jahre Heimat, auch wenn mein jetziges Zuhause die Türkei ist. Das Herz
e Großstadt und meine heißgeliebte Heimatstadt. **Dithard Walterscheid** Erinnerung
einfach die schönste Stadt der Welt. **Andrea Winkler** Das Buch, das ein echter Stutt-
ebstöckelschuh Heimat, Dampfkessel und Kulisse. **Frieder Mack** Das beschte Städtle
sa Nadowe Schtuttgart ist der Geburtsort, der in meinem Ausweis steht, meine Mut-
ell! **Rainer Stahl** Meine Heimatstadt ! **Steffi Stuggi** Heimat! **Markus Schweikert** Die
Martina Mohr Meine Heimatstadt, meine Heimat, die nie stehen bleibt und sich immer
gewachsen, und immer zieht's mich hin! Einfach schön! **Gabriele Roncarati** Der Ort
araus geworden ist. **Thomas Götzenberger** Alles! **Marcel Zügel** Nur eine Liebe. **Wolf-**
ein Zuhause ! **Frank Schweighöfer** Einfach gut! **Weltenbummler KuWi** Mein Traum-
Reiter Meine liebenswerte Heimatstadt! Früher sagte ich immer auf der Autobahn,
Diemer Ein Vorort von Cannstatt. **Nina Wertenauer** Meine geliebte Heimat! Ich liebe
Marion Hummel Mein »schwäbisches Herzensstädle« **Ufuk Akci** Eine Leidenschaft.
n Tag, an vielen Stunden / die Liebe mir ins Herz gebunden / die Liebe zu den großen
mein Herz an sie verloren. **Virgie Hey S**tuttgart ist meine Balance. Der Ort, der mich
eimat habe! **Elizabete Figueira** Die beste Gelegenheit für meine vier Töchter. Heute
Leben. **Johny Varsami** Erinnerungen an eine unglaubliche Kindheit auf dem Spielplatz
itz, Sylvie, Tobi, Magnus I und Ester. **Paula Lotta Veilchen** Oben, unten, offen und vor
Martina Köhler Mein Leben: geboren aufgewachsen verliebt Familie Arbeit Heimat

STUTTGART-ALBUM

Uwe Bogen · Thomas Wagner · Manuel Kloker

STUTTGART-ALBUM

Eine Stadt erinnert sich

Silberburg-Verlag

Inhalt

7 VORWORT

8 STIMMEN ZUM ALBUM

10 MITTENDRIN
12 Erste Liebe
20 Ein Tunnel fürs Geschichtsbuch
22 Wo Wulles Wurzeln waren
25 Mit und ohne Autos

26 AUSVERKAUF
28 Die Lerche singt nicht mehr
32 Im Reich von Mister Allwissend
37 Beste Reste

40 HOCHGEFÜHLE
42 Ewige Liebe
44 Der kleine Bruder
45 50 Jahre Kessel
46 Cordon blööö? Hemmer net!
50 Der Berg der Träume
56 Bitte fertig machen zum Start!
58 Reise zum Himmel
60 Fortunas lange Reise

62 STUTTGARTS GELBE SEITEN
64 In der Bahn mit Ringelnatz
70 Großer Graben
72 Als man noch mit Regen Geld verdiente

74 DUNKLE ORTE
76 Tief runtergekommen
80 Spanner, Strip und Streiterei

S. 2/3 Stuttgarter Marktplatz um 1840 – ein colorierter Kupferstich, den Christoph Clabek dem Stuttgart-Album geschickt hat.

86 STADTLEGENDEN
88 Nackt und big
90 Jonger, des hot Oier!
92 Das Rau-haum-schiff!
94 Ginne und die Glatzen
98 Der Kartenverkäufer von der Schulstraße
100 Die Vergangenheit ist nie vorbei
104 Warum hast du denn so dicke Lippen?

106 CLUBS & CO
109 Stuttgart – mi amor!
112 Campinos peinlichster Moment
116 Live im Tunnel
117 Ausflug in die Unterwelt
118 Die Gage in der Aldi-Tüte
119 Auch Nena war mal da
120 Nicht nur für Männer
121 Die Schlange hat noch Biss
122 Bewährt auch bei Flugangst
124 Wer ist dieser graue Kerl?
126 Der König von Württemberg

128 NUR NOCH ERINNERUNG
130 Die einarmige Heldin der Currywurst
132 Stuttgarts erster Skybeach
136 Liften über Rosen
139 Schnelle Autos und fliegende Hüte

140 WER ERZÄHLT UNS DIE GESCHICHTE?
142 Die Liebe höret nimmer auf
144 Wer hat Angst vorm schwarzen Haus?
147 Zwischen Goethe und Gartenzwergen

150 AUS GROSSVATERS ALBUM
152 Ein Schloss in Flammen
156 Holger Strehlow

Stuttgarter Marktplatz von 1746, ein Glasbild, das
Teresa Hugendubel dem Stuttgart-Album geschickt hat.

Vorwort

Es ist immer wieder schön, ein altes Familienalbum hervorzuholen. Man stößt auf Dinge, die vergessen waren – und beim Blättern wird man von Erinnerungen überwältigt. Auch eine Stadt ist voller Geschichten, an die man sich gerne zurückerinnert. Viele davon sind so bewegend, kurios und anrührend, dass man sie weitererzählen möchte. Das *Stuttgart-Album*, das Sie, liebe Leserinnen und Leser, in den Händen halten, ist so etwas wie das Familienalbum einer ganzen Stadt. Dank der Beiträge und Fotos sehr vieler Nutzer des Internet-Projekts *Stuttgart-Album*, aus dem heraus sich dieses Buch entwickelt hat, entstand ein vielfältiger Blick auf die jüngere Vergangenheit Stuttgarts – auf das, was wir vermissen, was schiefgelaufen ist und auch auf das, von dem wir bis heute profitieren.

Kaum war die Facebook-Seite des *Stuttgart-Albums* im Herbst 2012 im Netz, klickten sie in der Woche bis zu 60 000 Besucher an. Statistisch gesehen ist die Mehrheit der Nutzer des digitalen *Stuttgart-Albums* unter 44 Jahre alt. Das Interesse an der Stadtgeschichte ist also jung, was uns als Macher des *Stuttgart-Albums* sehr freut. Ein Dankeschön an alle, die so eifrig kommentieren und Fotos schicken. Erinnerungen sind das Fundament der Zukunft. Man bekommt ein viel besseres Gefühl für eine Stadt, wenn man weiß, was früher hier geschehen ist.

Das *Stuttgart-Album* im Internet hat sich zu einem spannenden Diskussionsforum entwickelt. In diesem Buch finden sich neben zahlreichen Kommentaren der Internet-Nutzer auch viele Fotos, die uns zugeschickt wurden – meist unveröffentlichte Schätze aus privaten Archiven. Das Buch bietet aber viel mehr als die Online-Seiten des *Stuttgart-Albums*. So erzählt der Journalist und Autor Uwe Bogen Geschichten aus mehreren Stuttgarter Jahrzehnten. Der Fotograf Thomas Wagner liefert die aktuellen Fotos zu historischen Ansichten. Und der Designer Manuel Kloker hat das Buch auf eine Weise gestaltet, dass man es nicht mehr aus der Hand legen möchte.

Auf dem Cover stehen unsere drei Namen – doch ohne die Unterstützung von so vielen Internet-Besuchern wäre dieses Album nie entstanden. Stellvertretend kommen im Anschluss an diese Zeilen treue Begleiter unserer Facebook-Seite zu Wort. Sie haben aufgeschrieben, was das *Stuttgart-Album* für sie bedeutet, was ihnen an Stuttgart gefällt oder missfällt. Gerne laden wir die Leserinnen und Leser dieses Buches dazu ein, mit uns im Internet die Themen der einzelnen Kapitel zu vertiefen oder uns ganz neue Geschichten und Fotos zu senden. Besuchen Sie uns unter www.facebook.com/Album.Stuttgart oder unter www.stuttgart-album.de

Stuttgart-Fans wie wir müssen zusammenhalten! Nicht alles lief unten im Kessel und oben drüber optimal – und doch gibt es vieles, auf das wir stolz sein können. Die neue Heimatliebe, die offen ist und nicht alles verherrlicht, stiftet Identität. Eine Stadt erinnert sich. Von Zeit zu Zeit müssen wir zurückblicken, um nach vorne zu schauen. Die Zukunft fängt heute schon an. Und mit dem Wissen über die Vergangenheit wird vieles klarer.

Uwe Bogen Thomas Wagner Manuel Kloker

Stimmen zum Stuttgart-Album

www.facebook.com/Album.Stuttgart

Ufuk Akci , Grafikdesigner

Stuttgart, meine Heimatstadt. Ich bin ein Kind der Achtziger und Neunziger, die mich in Bezug auf Stuttgart maßgeblich geprägt haben. Nicht zu vergessen die Zeit als Fan der Stuttgarter Straßenbahn GT4, wo ich immer vorne hinterm Fahrer saß.

Nicht so schön finde ich das fehlende Feingefühl für das urbane Stuttgarter Stadtbild sowie das Nachtleben. Es wird lieber gleich abgerissen, anstatt Konzepte zur Erhaltung herauszuarbeiten, was meistens wohl wirtschaftlichen Interessen geschuldet ist. Auch dass eine Baumaßnahme die Stadt in zwei Lager gespalten hat, gehört nicht zu meinen schönsten Eindrücken von Stuttgart.

Das *Stuttgart-Album* ist eine feine Sache und für mich immer eine Reise in die Vergangenheit und Entdeckung Stuttgarts.

Ich wünsche dem *Stuttgart-Album* weiterhin zahlreiche Bilder und Kommentare.

Günther Ahner, Fotodesigner

Seit 63 Jahren bin ich mit ganzem Herzen Stuttgarter und Weltbürger, habe einige Jahre in Köln gelebt und wohne nun seit vier Jahren im Stuttgarter »Vorort« Ludwigsburg. Stuttgart wird aber immer meine Heimatstadt bleiben, denn da wohnen auch die meisten meiner Freunde, mit denen ich gerne meine Freizeit in der Stadt verbringe. Für mich als Fotodesigner ist es besonders spannend, die Entwicklung von Stuttgart zu beobachten, auch wenn es leider nicht immer zum Besseren ist. Über die Geburt des *Stuttgart-Albums* habe ich mich sehr gefreut, denn für mich ist es wie eine Zeitmaschine, die mich manchmal in meine Kindheit transportiert und längst verblasste Erinnerungen auffrischt. Ich wünsche mir, dass noch viele Stuttgarter bei diesem Projekt mitmachen und damit ein Werk über eine lebendige Stadt erschaffen.

Regine Hugendubel, Eventmanagerin

Da ich in Stuttgart geboren und aufgewachsen bin und »meine Stadt« sehr liebe, habe ich viel Spaß am *Stuttgart-Album*. Es ist schön, die interessanten Fotos der alten Heimat anzuschauen, denn da werden viele Kinder- und Jugenderinnerungen wieder wach. Vielen herzlichen Dank den Machern dieser interessanten Seite!

Charles C. Urban, Theaterregisseur und Schauspieler

Stuttgart hat sich sehr verändert über die letzten Jahrzehnte. Vieles, von mir sehr Geschätztes, ist völlig verschwunden. Geblieben ist die einzigartige Topographie; die Tallage der Stadt, ringsum die Weinberge und Wälder.

Am meisten vermisse ich die Höhenfahrten mit der Straßenbahn! Als ich neu in Stuttgart war, bin ich oft von Endstation zu Endstation gefahren, um die Stadt kennenzulernen. Wer das heute macht, sieht so gut wie nichts von der Stadt. Heute bin ich eher zu Fuß unterwegs, oder mit dem Bus, aber das ist einfach nicht dasselbe. Eine Fahrt mit der Zahnradbahn kommt dem »alten Stuttgart-Gefühl« noch am nächsten!

Hier ein Zitat dazu von Wilhelm Hausenstein aus einer anderen Ära: »Man kann im elliptischen Anfahren mit der Bahn von oben in die Stadt hineinsehen – so, wie ein Vogel über die Beute kreist. Sorgfältige Höhenstraßen machen dem Fußgänger und dem im Wagen Fahrenden die Hügelstadt zur Annehmlichkeit.«

Thorsten Puttenat, Musiker

Das *Stuttgart-Album* erinnert an die Identität dieser Stadt, lässt einen sich mit ihrer Vergangenheit auseinandersetzen und fördert auf diese Weise, dass man sich mit Stuttgarts Aktualität beschäftigt. Gerade in Zeiten kalter, verhältnisloser Konfektionsbauten einer bauwütigen Stadt eine mir willkommene Anlaufstelle, die zum Nachdenken und zum Diskurs anregt. Danke dafür.

MITTENDRIN

Erste Liebe

Die Geschichte des Kleinen Schlossplatzes ist eine Geschichte der Emotionen

Ebs Beck

War das schön, auf der Freitreppe rumzuhängen – Mädel im Arm und allgemeines Beruferaten der Vorbeihetzenden.

Yvonne Ul-Tri

Und da gab es immer diesen Artisten, der ein bühnenreifes Programm hier abgezogen und Hunderte von Menschen um sich versammelt hat. Und jetzt? Der Platz hat seinen Charme verloren. Die Leute eilen einfach vorbei, ohne zu verweilen.

Uli Kraufmann

Die Treppe, die Stadtgeschichte geschrieben hat, war 1993 zur Leichtathletik-WM fertig.

Das Lied beginnt ruhig und gipfelt in einem wilden Gitarrensolo. 1989 hat »Stairway to Heaven« von Led Zeppelin die Riesenhitparade »Top 1000 X« vom damaligen Sender SDR 3 gewonnen. Seitdem wiederholt sich bei der Hörerwahl der Triumph der legendären Band fast jedes Jahr. Nicht ganz bis zum Himmel reichten die Stufen am Kleinen Schlossplatz, die in den 1990er-Jahren unsere Stadt im Ruhepuls südländischer Gelassenheit entschleunigten. Aber sie fühlten sich an, als fehle dafür nicht mehr viel. In Wahrheit endete die himmlische Treppe vor einem Betonkasten, auf dem in roter Schrift »Mövenpick« prangte.

Stairway to Heaven

Der Gedanke an diese breiten Stufen, die fast zu jeder Tageszeit besetzt waren, ist ein Quell der guten Laune. Dem Wirt Oliver Joos etwa sind sofort die wärmenden Momente eingefallen, die er dem leckeren Mövenpick-Eis verdankte. »Oh bitte, ein Freundschaftsbecher und eine heiße Schokolade mit zwei Strohhalmen«, notierte er in der Kommentarleiste des *Stuttgart-Albums*. Damit war alles gesagt.
(Für alle, die damals nicht gelebt haben: Die Schweizer Gastrokette bot 25 Kugeln in einer unverschämt großen Glasschale mit zwei langstieligen Löffeln an – als Zeichen der Zuneigung.)

S. 10/11 Die Stadtbibliothek im Rohbau.

Thomas Hörner

Der Kleine Schlossplatz in den 1990ern:
Wo Stuttgarts Herz schlägt.

Leonard Reichertz

Frank Mohnhaupt

Genial. Auf dem Flohmarkt Kleiner Schlossplatz gab's immer 'nen Verkäufer mit raren Platten und Kassettenbootlegs … Led Zeppelin. Live in Knettwood oder so ähnlich … Mensch, da hab ich Kohle liegen lassen.

Kruscht für kleines Geld: Der Flohmarkt auf dem Kleinen Schlossplatz.

Im »Möpi«, ob direkt am Kleinen Schlossplatz oder weiter hinten im »großen Mövenpick« im Gebäude der Baden-Württembergischen Bank, konnte man den Freundschaftsbecher mit Waffeltürmen und rotierenden Windrädern erst mit Bea teilen, nach einigen Tagen, wenn Bea doch nichts von einem wissen wollte, mit Monika oder Sigrid, je nach Eingang der Zusagen. Man teilte mit der Liebsten (oder dem Liebsten) in spe alles zwischen frostig und heiß, den Eisbecher ebenso wie die erhitzte Schokomilch, die man im Strohhalm-Doppel voller Hingabe einzog.

Auch heute wird noch eifrig geteilt. Und das geht ganz ohne öffentliche Eisschlachten. Es reicht ein PC daheim oder ein Smartphone in der Hand. Klick! Schneller als jeder Freundschaftsbecher wurde die 1993 gebaute und 2002 abgerissene Freitreppe vom Kleinen Schlossplatz auf der Facebook-Seite des *Stuttgart-Albums* geteilt. Bereits in der ersten Woche kletterte die Klickzahl auf 63 000. So ging es immer weiter. Als habe die halbe Stadt darauf gewartet.

»Was für eine geile Zeit damals«, war zu lesen. Oder: »Herrlich – das Kartenhäusle, wie oft stand ich dort.« Der Koch Sante de Santis erinnerte sich an die italienischen Momente seines damals noch jungen Lebens: »La Piazzetta zum Tomaten-Mozzarella-Salat und Spaghetti, jeden Sonntag Lunch, mei Mädele, Treppe und Straßenmusiker. Bye bye, gute Zeiten.« Travestiekünstlerin Frl. Wommy Wonder erklärte, wie glücklich ein Aussichtsplatz auf der Freitreppe gemacht hat: »Wenn es mir schlecht ging, setzte ich mich darauf und ließ die Bevölkerung an mir vorbeiparadieren. Bei diesem direkten Vergleich fühlte ich mich wieder jung und begehrenswert.«

Irgendwann war's Anja von Hübbenet zu viel. Nach all dem Jubel legte sie ihr Veto ein. »Also sorry«, schrieb

Apfelmango Saft

Mega … der Platz war schön am Tag, und in der Nacht war er ein Dealer-Treff. Auch die Rollschuh-Jungs haben sich da mal getroffen.

Tom Schmidt

Die gute alte Zeit! Pauls Boutique und der allerbeste Caipirinha der Stadt! Oh, wie vermisse ich diese Zeit!

Timo Kabel

1995 eröffnet: Pauls Boutique im ehemaligen Kartenhäusle.

sie, »aber schön war das ja wohl nicht. Im Gegenteil. Wir waren halt einfach jung. Aber ganz ehrlich – heute finde ich den Cube und die Treppe zum Waranga architektonisch viel gelungener.« Geht es immer nur um schön? Der über Jahre verachtete und als städtebauliche Missgeburt verurteilte Kleine Schlossplatz war in den 1990ern zur Heimat der Subkultur geworden. Vor Pauls Boutique, dem ehemaligen Kartenhäusle, vergnügten sich jeden Abend etwa 2500 Leute. Über die Treppen sprangen Skater, ehe sie sich in die verwaisten Tunnelröhren des Kleinen Schlossplatzes verzogen, die unter dem merkwürdigen Namen »Gaskammer« mit der »Hall of Fame« internationale Berühmtheit erlangten. Wer aber war Paul? Es gab ihn gar nicht. Die zweite Scheibe der Beastie Boys hieß »Pauls Boutique« – sie zählte zu den Lieblingsplatten von Andreas Schmidt. Am 21. Juli 1995 öffnete er Pauls Boutique. Schmidt wollte was machen, was es noch nicht gab. Und setzte auf den Aha-Effekt, der voll einschlug. Sechseinhalb Jahren währte Pauls schönste Zeit. Am 10. März 2002 wurde zum letzten Mal auf der Bartheke getanzt. Am 11. März 2002 rollten die Bagger an, um den Kleinen Schlossplatz abzureißen.

Die Heimat der Subkultur

Wer wusste, was an dieser Stelle vor dem Krieg stand, nämlich das Kronprinzenpalais, mochte an der provisorischen Bebauung mit einer Betonplatte verzweifeln. Doch die Kinder der 1960er, 1970er und 1980er fanden hier ihren Mikrokosmos, erlebten ihre »erste Liebe«, wie sie der Rapper Max Herre besungen hat. Wo gekündigte Läden leer standen, die viele als »Schandfleck« beschimpften, setzte der drohende Abriss Kreativität und Fantasie

Thomas Hörner

Demonstration für den Erhalt der Freitreppe und der »Hall of Fame« der Skater.

Der Kleine Schlossplatz ist 1968 eröffnet worden.

frei. Mit geringen Mitteln zogen zufällig entstandene Bars junge Menschen an. »Das Potenzial der Anlage und die verpassten Chancen wurden vorgeführt«, stellte später Max Bächer fest, einer der Architekten des Kleinen Schlossplatzes.

Joy Vik

Erinnert sich noch jemand an noch frühere Zeiten? Als auf dem Kleinen Schlossplatz viele einzelne kleine Gebäude standen, u. a. das Kartenhäusle, eine Transvestitenshow, ein Geschäft mit edler Strickmode … und hinten war eine Cocktailbar … wie hieß die?

Vor dem Bahnprojekt Stuttgart 21 ist über kein anderes Thema in der Stadt so heftig gestritten worden wie über die Mitte der Königstraße. Der Zweite Weltkrieg ließ von dem 1846 bis 1850 erbauten Palais von Kronprinz Karl nur die Außenmauern übrig. Der Wiederaufbau der Ruine wäre möglich gewesen. Doch OB Arnulf Klett wollte den Grundriss der zerstörten Innenstadt neu ordnen und den Verkehrsweg in den Stuttgarter Westen öffnen. 1956 einigten sich Stadt und Land unter heftigen Protesten auf den Abriss des Kronprinzenpalais. Aber erst 1965 schritt man zur Tat. Stuttgart sollte »autogerecht« werden – und bekam im Namen des neuen Modeworts den Planietunnel. Etwa sechs Meter über dem Niveau der Königstraße stülpten Bächer und seine Architektenkollegen Kammerer und Belz einen Betondeckel über den Verkehrsknotenpunkt, der mit sechs Fahrspuren einem Autobahnkreuz ähnelte.

Das Straßenvarieté des Lebens

Viele Millionen hatte die gewaltige Platte gekostet, die man »Stadtbalkon« nannte, was eine Idylle vorgab, die über Schnellstraßen nicht entstehen konnte. Obendrauf kamen Einkaufspavillons aus Waschbeton. Grün fehlte völlig. Plump und kalt setzte sich das, was man

Gisela App

Ufuk Akci

Man traf sich auf der Freitreppe – oder im jugoslawischen Grill-Restaurant Mira.

im aufkommenden Apo-Zeitalter für modern hielt, gegen die benachbarte Pracht ab, zu der die Säulensinfonie des Königbaus und das barocke Gegenüber des Neuen Schlosses nach dem Wiederaufbau zurückgekehrt waren.

Zur Eröffnung des Kleinen Schlossplatzes im Dezember 1968 brach ein Jubel der Fachwelt aus. »Alles, was in und um Stuttgart als jung, frisch, flott gehen will«, schrieb die »Frankfurter Allgemeine«, »lässt sich auf dem Kleinen Schlossplatz sehen und führt seinen Besuchern vor, dass selbst in einer Stadt, in der Boutiquen und Bars immer etwas exterritorial wirkten, eine Mini-City für Poster, Schallplatten, Halsketten, Lederröcke und sonstige Jugendalibis entstanden ist.«

Doch die »Mini-City«, die jung sein sollte, geriet zum Pflegefall. Von frisch und flott blieb nicht viel übrig.

Der Kleine Schlossplatz stand für Drogen, Schmutz, Tristesse. Zu einem sozialen Brennpunkt war ein Quartier geworden, das Bahnhofserbauer Paul Bonatz zum »edelsten Bezirk der Stadt« erklärt hatte. Lampen wurden zerschlagen, doch keiner erneuerte sie. Vor so viel Hässlichkeit schienen selbst Efeu und Wilder Wein zurückzuschrecken. Alle Versuche, den Beton zu beranken, scheiterten kläglich. Dann wurden Pflanzenkübel aufgestellt, »um die Leute zu vertreiben«, wie Max Bächer klagte.

Eine neue Situation entstand, als die Königstraße im Jahr 1977 zur Fußgängerzone wurde. Die Fahrspuren für die Straßenbahn mit ihren beiden schwarzen Eingangslöchern verwaisten unter dem Betondeckel, der damit seinen Sinn verloren hatte. Denn der Verkehr war jetzt um einen Stock tiefer gelegt. Für den Kleinen Schlossplatz bot sich die Chance der Nachbesserung.

Marc M. Luppa

Ihr trauert dem tatsächlich hinterher? Der alte Kleine Schlossplatz wurde von den Stuttgartern nie richtig angenommen und größtenteils als Bausünde angesehen, als schmuddelige dunkle Ecke, und von den meisten Leuten weitestgehend gemieden. Erst mit Pauls Boutique kam etwas Leben dorthin, aber schöner wurde er dadurch auch nicht … Die jetzige Bebauung ist auf jeden Fall viel ansprechender!

Wo einst die Treppe war, steht heute das Kunstmuseum. Die neue Treppe ist kleiner und nach hinten versetzt.

Jahrelang hatte Walter Belz, einer der drei Architekten des umstrittenen Betonplateaus, »mitansehen müssen«, wie sein Bauwerk »verödet und verkommt«. 1992 schlug er der Stadt vor, eine Freitreppe von der Königstraße hoch zur Betonplatte zu bauen. Zur Internationalen Gartenbauausstellung (IGA) und zur Leichtathletik-WM im Juli 1993 war sie fertig – mit überwältigendem Erfolg.

Plötzlich blühte der totgesagte Platz auf. Architekten sprachen von einer neuen Urbanität. Den lieben langen Tag saßen die Menschen auf den Stufen, sonnten sich, schauten wie in einem Freilufttheater auf das Straßenvarieté des Lebens. Wer kann zählen, wie viele Liebende sich hier verabredet haben?

Manche fühlten sich an die Spanische Treppe in Rom erinnert. Doch allzu lange träumen durften sie hier nicht. Die Treppe, der neue Star der City, war nur ein Provisorium und sollte für das Kunstmuseum weichen. Die Demos gegen diese keinesfalls neuen Pläne brachten nichts. Beim internationalen Architektenwettbewerb gingen 341 Arbeiten ein. Die Städtische Galerie, die sich bisher mit dem Württembergischen Kunstverein das Kunstgebäude an der diagonal gegenüberliegenden Ecke des Schlossplatzes teilte, sollte nach Abriss von Treppe und Betonplatte einen Neu-

bau erhalten. Die Jury mit ihrem Vorsitzenden Max Bächer erklärte 1998 die aus Stuttgart stammenden Berliner Architekten Rainer Hascher und Sebastian Jehle zu den Siegern. Im März 2005 schwärmten bei der Eröffnung die überregionalen Blätter. Zitat aus der »Süddeutschen Zeitung«: »Selbst wenn das neue Kunstmuseum keine andere Aufgabe hätte, als den Touristen eine schöne Aussicht auf die Stadt zu bieten, müsste man den Bau in den höchsten Tönen loben.«

Die 30 Meter breite Freiluft-Tribüne musste weichen. Der Ersatz war eine kleinere, nach hinten versetzte Treppe. »Ein guter Platz ist wie ein Wohnzimmer«, sagt der Städteplaner Franz Pesch. Plätze sind Orte der Begegnung und Bühne des öffentlichen Lebens. Die neue Treppe, hörte man zunächst oft, hat nicht mehr den Charme der Vorgängerstufen, die zum beliebtesten Möbelstück im Wohnzimmer der Stadt geworden waren. Doch früher gab's kein Kunstmuseum. Plätze verändern sich. Der Kleine Schlossplatz ist ein anderer geworden. Aber zum Glück auch wieder nicht. Denn noch immer führt er vor, dass man auf einer Straße, die vom Kaufen dominiert wird, aus dem Konsum ausbrechen kann – zum Hocken, Verweilen, zum Eislecken, zum Eintauchen in Kunst, halt einfach zum Träumen und Menschsein.

Nina Wertenauer

Seit 1896 steht der Schwabtunnel in Heslach in den Geschichtsbüchern – als erster Innenstadttunnel in Europa.

EIN TUNNEL FÜRS GESCHICHTSBUCH

Der kleine Schwabtunnel zwischen dem Stuttgarter Süden und dem Stuttgarter Westen war bei seiner Eröffnung im Jahr 1896 der geräumigste Tunnel Europas. Zehneinhalb Meter ist er breit – das reichte für zwei Gehwege, zwei Fahrbahnen für Pferdefuhrwerke und ein Gleis für die Straßenbahn. Das Bauwerk unter der Hasenbergsteige hat es in die Geschichtsbücher geschafft: Nicht nur der älteste Stadttunnel von Stuttgart ist diese von Steinlöwen bewachte Röhre, sondern auch weltweit der erste Tunnel, durch den ein Auto fuhr. Einst roch der Tunnel nach Pferdeäpfeln – heute ist die Luft von Abgasen darin so stickig, dass man ihn lieber auf den Stäffele zu Fuß überquert.

Dithard Walterscheid

Nach dem Sport in der Halle der Neckar-Mittelschule schmeckte das Wulle in der Brauereigaststätte besonders gut.

Brauerei Dinkelacker

1859 erbaut: Die Wulle-Brauerei an der damaligen Neckarstraße (heute Willy-Brandt-Straße).

Wo Wulles Wurzeln waren

Von der Brauerei zum Fünf-Sterne-Hotel

Früher dachte bei »WWW« noch keiner an World Wide Web. WWW – das war, zumindest in Stuttgart, die Abkürzung für »Wir wollen Wulle«. Wann der legendäre Werbeslogan erfunden worden ist, konnte bisher nicht eindeutig geklärt werden. »Es muss in den 1930ern gewesen sein«, vermutet Stefan Seipel, Marketing-Leiter der Brauerei Dinkelacker-Schwaben Bräu, der heute die Biermarke »Wulle« gehört. Mit dem alten WWW-Spruch gelang der Höhenflug zum Kult-Bier-Status. Davor war die Marke 37 Jahre lang aus den Schankräumen und Kneipen verschwunden. Seit 2008 wird das Wulle-Bier an der Tübinger Straße gebraut – und dort, wo alles angefangen hat, zwischen der damaligen Neckarstraße (heute: Willy-Brandt-Straße) und dem Kernerplatz, wird es seit Juli 2013 in einer neuen, vom Hotel Le Méridien betriebenen Bar auch wieder ausgeschenkt.

Es war ein weiter Weg von der Brauerei bis zum Fünf-Sterne-Hotel. 1859 hatte der Bierbrauer Ernst Imanuel Wulle die Grundstücke Neckarstraße 60 und 62 erworben, die sich bis zur Mitte des Kernerplatzes erstreckten. Der in der Nähe von Tübingen geborene Wulle kam aus einfachen Verhältnissen und hatte in der Großstadt Stuttgart das Brauereihandwerk erlernt. Die Heirat mit Wilhelmine Stotz, die aus reichem Hause stammte, brachte ihm das nötige Kapital, um mit einem Teilhaber (der rasch wieder ausstieg) die Wulle-Brauerei zu gründen.

Brauerei Dinkelacker

Der Abriss der Wulle-Brauerei im Jahr 1971.

Das Hotel heute.

Wulle musste wie all seine Kollegen kämpfen. Der Gerstensaft war im Vergleich zum Wein teuer – die Württemberger bevorzugten ihr Viertele und Most. Für Erfolg sorgte seine Brauereigaststätte, in der legendäre Tanzabende stattfanden. Wulle kümmerte sich nicht allein um die Bierkultur. Sein Unternehmen erbaute 1900 den Friedrichsbau und begründete damit die Varieté-Tradition in Stuttgart. Der Patron hat die Anfangsjahre noch mitbekommen. 1902 ist er im Alter von 70 Jahren gestorben. Von Juli 1942 an wurde das von der Brauerei hergestellte Spezial-Bier nur noch an Soldaten ausgeliefert. Kriegsbomben zerstörten 1943 die Mälzerei und beschädigten das Brauereigebäude. Auch der Friedrichsbau wurde in Trümmer gelegt.

Wir wollen Wulle

Nach Kriegsende erholte sich die Firma Wulle – der Bierabsatz stieg kontinuierlich. Der Werbespruch »Wir wollen Wulle« war in aller Munde und wurde ergänzt: »Wir wollen Wulle, weil wir wissen wollen, wie Wulle wirkt.« Der Biermarkt konzentrierte sich auf immer weniger Firmen. Die Geschichte der Stuttgarter Brauereien liest sich deshalb wie ein Spielplan von Monopoly. Im Adressbuch von 1867 gab es noch 14 Brauereien in Stuttgart. Danach wurden es immer weniger. Ständig kaufte irgendwer irgendwen auf. 1971 übernahm Dinkelacker Wulle und besiegelte das Ende des bisherigen Konkurrenten. Die Brauerei an der Neckarstraße wurde stillgelegt und abgerissen. Für Jahre entstand eine hässliche Baulücke. Damals blieben Warnungen

Friedrichsbau Varieté

Martin Ansel

Der Name »Wulle« will so rein gar nicht schwäbisch klingen! »Wir wollen Wulle!« So war doch der Slogan.

Wulle hat den Friedrichsbau errichtet. Blick aus der Bolzstraße, rechts das Metropol-Kino.

aus. Keiner dachte daran, dass eine Stadt sorgsam mit der Architektur der Vorfahren umgehen muss, dass man aus alten Gebäuden etwas Neues machen kann, dass Flair und Charme einer Metropole auch von ihrer historischen Bausubstanz abhängen. In der Brache entstanden schließlich das Hotel Interconti, aus dem später das Fünf-Sterne-Hotel Le Méridien hervorgegangen ist, sowie Ministerien des Landes. An die Geschichte des Ortes erinnern heute der Wulle-Steg, der über die Willy-Brandt-Straße führt, sowie die Wulle-Staffel zum Kernerplatz.

Wulle-Staffel, so heißt die neue Bar, in der die Bügelflaschen der alten Marke ploppen. Im Abwehrkampf gegen das badische Tannenzäpfle aus Rothaus hatten Marketingstrategen 2008 die Idee, kleine Flaschen auf den Markt zu bringen, die dem aktuellen Retrotrend folgen. Die Werbung mit alten VW-Bussen und dem rot-weißen Original-Logo übertraf die Erwartungen. Heute erzielt Dinkelacker-Schwaben Bräu mit Wulle die größten Zuwächse. Und ein neuer Werbespruch für Wulle hat sogar das Zeug zum Klassiker: »Ich will ein Bier von dir!«

Wolfgang Wagner

MIT UND OHNE AUTOS

Schöne Giebelhäuser und schmucke Fronten prägen die Calwer Straße, die einst eine feine Adresse für Geschäfte aller Art war. In den 1970ern verstopfen Autos die Straße – heute wird sie »Fressgasse« genannt.

AUSVERKAUF

Die Lerche singt nicht mehr

Im »größten Radiohaus Süddeutschlands« fanden junge Menschen wichtige Nahrung fürs Leben

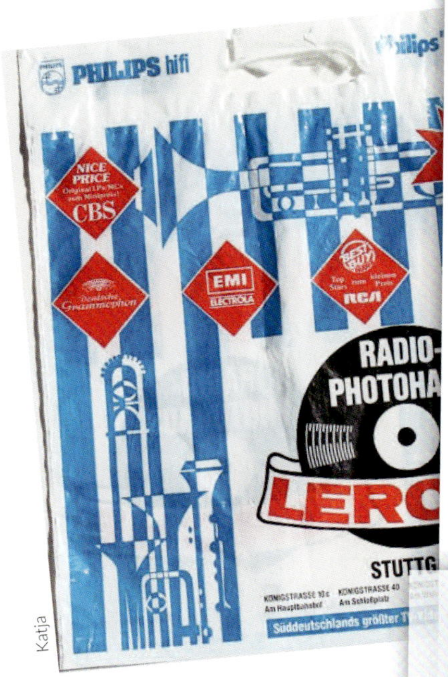

Katja

Wolfgang

Habe dort meinen »discman« gekauft! Billig und läuft immer noch!

Uli Kraufmann

STUTTGART-ALBUM
LERCHE STUTTGART
1959-2004
INSOLVENT
www.Stuttgart-Album.de/Lerche

Ihsan

Ein gutes Stück Kindheit. Ich war gern da drin.

Aller Anfang ist aufregend. Kaum fiel in Berlin die Mauer, spürte in Stuttgart ein werdender Mann, dass ihm etwas Großes bevorstand. Sein erstes Mal. Es geschah im pubertären Unverstand – im obersten Stock eines legendären Radio- und Musikhauses. »In der Lerche habe ich meine Unschuld verloren«, gesteht der Geschäftsmann Sascha-Boris Schlender, der heute in Monaco lebt, im *Stuttgart-Album*, der Facebook-Seite zu diesem Buch, »denn dort habe ich mir 1989 meine erste Single gekauft – ›Looking For Freedom‹«. Es war jener Song, den Rettungsschwimmer David Hasselhoff vor der Mauer so inbrünstig als Freiheitshymne aufgeführt hatte, als habe er höchstpersönlich Deutschland zusammengeführt und gerettet.

Die Suche nach Freiheit führte Massen von jungen Menschen über Jahrzehnte hinweg in eines von drei schmucklosen und verwinkelten Häusern an der Königstraße, die viele als Paradies empfanden. Es gab die untere, die mittlere und die obere Lerche. Aber keine von ihnen singt heute mehr.

S. 26/27 Flashmob auf dem Kleinen Schlossplatz.

Die Lerche glich einem verwunschenen Ort, an dem Generationen von Stuttgartern ihr Gehirn abschalteten und ihr gesamtes Konfirmandengeld durchbrachten. Hätten Lehrer ihre angeblich kranken Schüler gesucht, wären sie hier klassenweise fündig geworden. Keinen störte, dass man sich im schmalen Aufgang des Treppenhauses den Kopf an der Decke anschlug. Oben angekommen, befand man sich im betreuten Plattenhören. Die Verkäufer trugen weiße Arztkittel. Selbst bei größter Hitze durften die nicht ausgezogen werden. Wir verbrachten Stunden an der Musiktheke. Wer was sagen wollte, musste schreien – sonst bestand keine Chance, durch die wummernden Kopfhörer zu den Ohren vorzudringen.

Die günstigen Preise waren möglich, weil Lerche viele Schüler und Studenten bei geringer Bezahlung beschäftigte. Einer von ihnen berichtet im *Stuttgart-Album*: »Als Aushilfe hat es mich begeistert, den ganzen Tag von Platten umgeben zu sein. Manche meiner Freunde fragten sich, warum ich das für den geringen Lohn machen würde. 1974 fing ich mit sechs Mark Stundenlohn an. Darauf antwortete ich stets: Die von der Lerche sind so blöd, mich dafür auch noch dafür zu bezahlen, dass ich mich den ganzen Tag im Laden aufhalten darf. Das Einsortieren, Nachfüllen und vor allem die Kundenfragen machten mir einfach viel Spaß. Lerche selbst war sehr geizig. Schulungen waren nicht drin.«

Wer eingekauft hatte, trug seine Beute in bunten Plastiktüten stolz nach Hause. Damals waren die Tonträger so groß wie eine Pizza. Die Taschen mit dem berühmten Lerche-Logo fielen also auf. Im Dezember waren sie mit einem Weihnachtsmann geschmückt. Bereits in der Straßenbahn musste man in diese Zaubertüte greifen – denn so ein neu erstandenes Album fühlte sich verdammt gut an. Auf haptische Genüsse müssen wir heutzutage beim Online-Streamen, Musikdownloaden und Raubkopieren völlig verzichten. Die Schätze einer Covergestaltung sind ebenso untergegangen. Das Internet stürzte die Musikindustrie von einer Revolution zur nächsten, was am Ende auch die Stuttgarter Lerche verstummen ließ. 2004 musste

WISSENSWERT:

In der City mussten viele Fachgeschäfte unter dem Druck des harten Wettbewerbs aufhören. Die größte Geschäftsaufgabe war das **Musikhaus Lerche**. Das 1959 gegründete Unternehmen galt einst als »größtes Schallplatten-, Video- und Hi-Fi-Fachgeschäft Süddeutschlands«. Im Juni 2003 musste es Insolvenz anmelden. 120 Mitarbeiter in zwei Läden auf der Königstraße waren davon betroffen. Anfang 2004 schloss Lerche für immer.
Die Firma **Hugendubel** an der Ecke Hirsch-/Breite Straße machte 1999 dicht. Sie wurde 1833 gegründet.

1995 hat **Radio Barth** sein 1966 erbautes Haus mit der 35-Meter-Antenne auf dem Dach für immer geschlossen. Die **Gaststätte Marché** in der Königstraße 16 und der **Juwelier Meier** im Königsbau machten Ende 2004 dicht. Im Mai 2004 musste das insolvente **Bekleidungsgeschäft May & Edlich** in der Stiftstraße aufgeben. Einen Monat zuvor hörte das **Teppichhaus Orient Dayss** in der Calwer Straße im 83. Geschäftsjahr auf. Der seit 1868 in Stuttgart ansässige **Juwelier Kurtz** in der Eberhardstraße 71 schloss Ende 2003. Das **Schuhgeschäft Braun** in der Schulstraße gab im März 2003 nach fast 77 Jahren auf.

Das **Sportfachgeschäft Entress** in der Königstraße 37 schloss im Februar 2005. Eine 133-jährige Firmengeschichte ging zu Ende. Im Mai 2005 gab das **Lederwarenfachgeschäft Waldbauer** in der Königstraße 29 auf. Ende Mai 2013 hat sich das **Modehaus Fischer** an der Königstraße 19 nach 65 Jahren verabschiedet.

Uli Kraufmann

Thomas

Der Große frisst den Kleinen, trotzdem schade, dass die Lerche pleite ist.

Tanja

So viel Zeit dort verbracht. Die ersten CDs gekauft und mit dem Konfirmandengeld die erste Stereo-Anlage. Eine Panasonic. Hab ich heute noch! Total »in« waren die Lerche-Gutscheine zum 15. und 16. Geburtstag. Da war man stolz wie Oskar.

Uli Kraufmann

Alles muss raus: Insolvenzverkauf von Lerche im Jahr 2004.

das einstmals größte Radio- und Fotohaus Süddeutschlands für immer schließen. Der Preiskampf gegen die Branchenriesen und Mediamärkte war endgültig verloren. Aus dem legendären Lerche-Gebäude an der oberen Königstraße wurde das sogenannte Weiße Haus, ein Geschäftshaus mit weißer Fassade.

Zurück zu den Gründerjahren, als alles noch so traumhaft war: 1959 hatte Albert Armin Lerche – zuvor war er Geschäftsführer des EM-Filmtheaters – den Plattenladen eröffnet. Schon wenige Jahre später wurde aus der Lerche eine Stuttgarter Institution mit drei Standorten an der Königstraße. Auch bei Fotokameras und Filmen war Lerche dank seiner günstigen Preise bald führend und machte den Stuttgarter Fotogeschäften das Leben schwer. Ohne Klimaanlage liefen im Sommer mit den Plattenspielern die Menschen heiß. Es war die Zeit, als der Einzelhandel auf der teuersten Meile der Stadt noch familiengeführt Gewinne abwarf. Heute machen die Ketten das Geschäft unter sich aus – mit uniformierten Läden, die in allen Metropolen gleich sind. Würde jemand vom Himmel in so eine Fußgängerzone fallen, er wüsste nicht, in welcher Stadt er wäre.

Als die insolvente Lerche im Jahr 2004 den letzten Laden dichtmachte, nannte die Firmenleitung »Konsumträgheit, Euro-Umstellung und Umsatzeinbrüche im Preiskampf gegen Mediamärkte« als Gründe dafür. Ironie des Schicksals: Zum bitteren Schluss lockte das Familienunternehmen genau mit dem, was sein Sargnagel war – mit einer Rabattschlacht und mit Schnäppchen-Preisen, die unterm Einkaufspreis lagen. »Bumm – Insolvenzverkauf«, stand am Eingang, »alles muss raus.« Zum letzten Mal strömten die Massen. Wie oft sind wir die engen Treppen hoch- und runtergelaufen!

»Da war Schweißgeruch ohne Ende«, erinnert sich Timo Kopp im *Stuttgart-Album*. Sind die vielen Lerche-

Wo einst die Lerche lockte, steht heute das weiße Haus von Stuttgart.

Fans, die heute einen wichtigen Ort ihrer Kindheit und Jugend vermissen, am Ende selbst schuld, dass es nicht mehr weiterging? Hätten sie nicht öfter dort einkaufen und das billigere Angebot der Mediamärkte ignorieren sollen? Jedem ist sein eigener Geldbeutel am nächsten. Erst ließen sich die Musikfreunde im Radiohaus Barth beraten, kauften aber in der billigeren Lerche ein. Dann informierten sie sich in der Lerche, um den billigeren Saturn aufzusuchen. Wie das weitergeht, ist klar: Man holt sich Appetit in den Bin-doch-nicht-blöd-Märkten, lädt sich die Musik aber im Internet runter.

Hätten die Lerche und all die anderen untergegangenen Familienunternehmen überleben können? Sind Marktentwicklung verschlafen und die Nachfolge in den Firmen nicht geregelt worden? Oder wäre es ein verlorener Kampf gewesen? Etliche Einzelhändler in der Stuttgarter City hatten irgendwann keinen Bock mehr, Verbraucher über irgendwelche Artikel zu beraten, die diese dann im Internet bestellten.

Erinnerungen sind zeitlos

Erinnerungen sind zeitlos. Gute Erinnerungen sind Geschenke der Vergangenheit, die umso wertvoller sind, je älter sie werden. Schallplatten bekommen irgendwann Kratzer, Erinnerungen hingegen glänzen mit der Zeit immer makelloser. Erinnerungen an die ersten Singles für 4,90 Mark, an den ersten Discman, an geschwänzte Schulstunden, an »Looking für Freedom«. Nicht alles aus früheren Zeiten ist vergangen. Die Mythen in Tüten bleiben. Man sieht die berühmten Lerche-Tüten in der Stadt noch immer, auch wenn längst keine Platten mehr drin sind. Diese Tüten werden stolz getragen – die Besitzer zeigen damit stumm an: Wir waren dabei! Unsere Unschuld verlieren wir noch heute gern!

Andrea

Ach – mir wird's ganz warm ums Herz. Gott, wie lang hat man da auf einen Plattenkauf gespart.

Despina

Habe viele gemütliche Stunden meiner Kindheit und Pubertät darin verbracht! Meine erste Single und LP dort gekauft! Und die vielen Treppen immer hoch- und runtergestiegen! Schade!

Uli Kraufmann

Regina Kunst

Ich glaub, da kam mein Cello her. Tja, hätte wohl mehr üben und ein neues kaufen müssen, um den Laden zu retten. Schade!

Andreas Hecht

Musikhaus Barth – Radio Barth – echt noch tolle Zeiten, Superberatung, man konnte sogar noch Platten anhören, und echte Musiker arbeiteten in den Instrumentenabteilungen! Naja, die Lerche hat dann das Ruder übernommen, als erster Billigheimer ohne Fachverkäufer. Die wurden dann später von den ganz Großen verdrängt! Haben wir als Kunden so entschieden. Wir wollen ja nur noch billig und Geiz!

Im Reich von Mister Allwissend

Eine ganze Generation verbindet ihre ersten Musikerfahrungen mit dem Namen Barth

Teflon Fonfara war fünfzehn und hielt den Daumen hoch. In den 1970ern trampte der spätere Musiker immer wieder von Esslingen nach Stuttgart, um bei Radio Barth echte Fender-Gitarren aus den USA anzuschauen. »Aber nur schauen«, erinnert er sich mit einer Ehrfurcht, die bis ans Ende seines letzten Tages dauern wird: »Berühren durfte man die nicht.« Fender! Musikfans verneigen sich vor diesen Heiligtümern! Ob Keith Richards, Jimi Hendrix oder Eric Clapton – die Rockgötter wollten immer nur sie berühren, die Gitarren des amerikanischen Rundfunkelektrikers Leo Fender.

Yvonne Dylla

Dort haben sich die Leute super beraten lassen, um dann die Sachen billiger bei Lerche zu kaufen. Das war wirklich ein tolles Fachgeschäft, das leider den Sprung nicht geschafft hat.

Hans-Jörg Eller

Wie oft bin ich sehnsüchtig um die Schaufenster herumgeschlichen.

Kein architektonischer Glanzpunkt, aber ein Fixpunkt der Stadtorientierung: das 1966 erbaute Radiohaus Barth.

STUTTGART-ALBUM
RADIO BARTH
1878–1995
INSOLVENT
www.Stuttgart-Album.de/Radiobarth

Das 1878 von Robert Barth gegründete Musikhaus, das 1966 am Rotebühlplatz in einen schmucklosen, seltsam schräg hingestellten Neubau zog, auf dessen Dach eine 35 Meter hohe Antenne in den Himmel stupste, galt als Pionier der elektronischen Musik. Für die Originalteile aus den USA, für Orgeln, E-Gitarren und Synthesizer reisten Musiker aus allen Teilen Europas an – für die Klangkörper einer neuen Zeit.

Der grobe Waschbeton des Zweckbaus war kein architektonischer Glanzpunkt, aber ein Fixpunkt der Stadtorientierung. Radio Barth war das Tor zu einer verheißungsvollen Welt. »Radio Barth war Kult«, erinnert sich Barbara Treichel im *Stuttgart-Album*, »man konnte dem Verkäufer was vorsingen – und er wusste auf Anhieb, was gemeint war.« Dieser Verkäufer, schreibt Bruno Bienzle, sei nicht einfach nur ein Verkäufer gewesen, sondern »Mister Allwissend in Sachen Musik und DJ im Don Quijote«. Herbert Kühner, der berühmteste Plattenexperte im Land, war beliebt bei den Fußballprofis vom VfB und von den Kickers. Die kamen regelmäßig zum Barth. Kühner

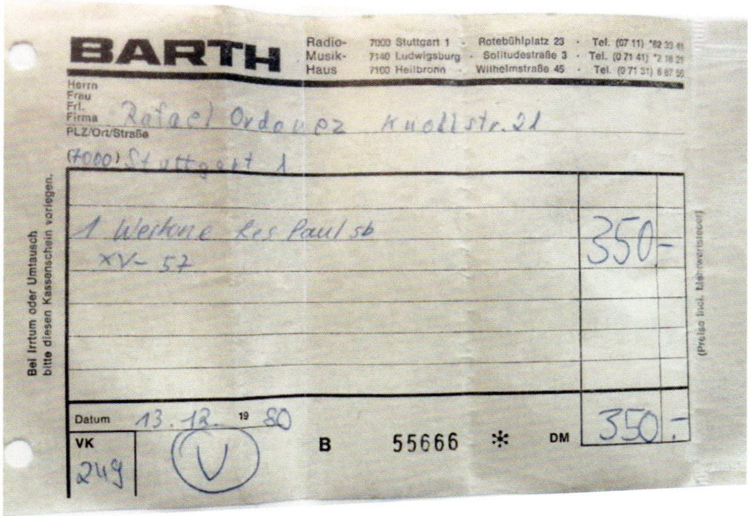
BARTH Radio-Musik-Haus
7000 Stuttgart 1 · Rotebühlplatz 23 · Tel. (07 11) *62 33 41
7140 Ludwigsburg · Solitudestraße 3 · Tel. (0 71 41) *2 18 21
7100 Heilbronn · Wilhelmstraße 45 · Tel. (0 71 31) 6 87 56
Herrn Frau Frl. Firma Rafael Ordonez Knollstr. 21
PLZ/Ort/Straße (7000) Stuttgart 1
1 Werkone Les Paul sb XV-57 — 350,-
Bei Irrtum oder Umtausch bitte diesen Kassenschein vorlegen.
(Preise incl. Mehrwertsteuer)
Datum 13.12. 19 80
VK 249 (V) B 55666 * DM 350,-

Rafael Ordóñez

Sven Michael Geschke

Boah … wie lange ist das her? Erinnert sich noch jemand an den Aufruhr, als jemand die »Denker«-Statue umgeworfen hatte und das Ding 'ne Delle an der Stirn hatte?

Ingo Jaiser

Ich erwähne Barth noch heute, wenn ich den Weg in der Stadt erkläre. Was da jetzt steht!? Keine Ahnung, obwohl ich schon x-mal vorbeigekommen bin …

wies Neu-Stuttgarter in die Gesetze der Stadt ein. Der Fußballfan und Jazz-Experte konnte eine völlig unbekannte Version von »In The Mood« auftreiben, wenn ein sehnsüchtiger Sammler berichtete, er habe schon ein halbes Hundert dieser Melodie daheim in seinem Plattenschrank.

Die ersten Schallplatten, die erste Stereoanlage, der erste Walkman, das erste Cello – Radio Barth war ein Ort für erste Schritte, ein Ort, mindestens so wichtig wie die erste Liebe. Eine ganze Generation verbindet ihre ersten Musikerfahrungen mit dem Namen Barth. Doch wie das oft ist mit der Liebe – sie währte nicht ewiglich. 1995 war alles Schöne vorbei. Das traditionsreiche Geschäft musste für immer schließen. »Wenn alle, die heute im *Stuttgart-Album* bei Radio Barth klicken, damals dort eingekauft hätten, gäbe es den Laden noch«, hat Uwe Flammer gepostet. Marc Simianer sieht das anders: »In Zeiten von Downloads und Napster hätte so ein spezialisierter Mammutladen keine Chance. Und auch der Konkurrenzdruck durch Drogerie-Discounterketten mit Musikabteilung und Amazon haben den Plattenläden das Genick gebrochen. Der Radio Barth war ein Dinosaurier und hat deren Schicksal geteilt – er und seine Artgenossen sind einfach ausgestorben.«

Der Dino starb aus – doch seine alte Heimat brachte neues, spannendes Leben hervor. Die Stuttgarter HipHop-Szene startete im früheren Barth-Gebäude zu einem bundesweiten Triumphzug. Johannes Strachwitz, genannt Strachi, und sein Kommilitone Jean Christoph Ritter, genannt Schowi, bezogen 1996 ein Büro in dem früheren Musikhaus und machten die Vorwahl 0711 zur Erfolgsformel. Bis zum Abriss blieb dem 0711-Büro vier Jahre, um mit weiteren kreativen Existenzgründern bei niedrigen Mieten ein Zentrum der Stuttgarter Kultur zu etablieren. Vier Jahre, in denen der Gemeinderat heftig um die Zukunft des Areals gestritten hat. Der Investor Horst Bülow wollte einen Turm am Rotebühlplatz bauen – die Fraktionen feilschten um exakt 16 Meter. Es war vergebliche Liebesmüh. Bülow ließ die Kaufoption ungenutzt verstreichen. Viele Varianten (Fünf-Sterne-Wohnen, Gesundheitszentrum, Großkino) kamen und gingen, bis Rudi Häussler, damals noch ein eifriger Bauherr von Einkaufszentren, Bürohäusern und Wohnanlagen, das

Dieter Laepple

1978 feiert Radio Barth den 100. Geburtstag.

Video zu Radio Barth:
www.youtube.com/watch?v=J-DbRJRHZTs

Rennen machte und einen 76 Millionen Euro teuren Neubau planen ließ.

Derweil schraubten Gastronomen am Schild von Radio Barth die letzten beiden Buchstaben ab und zimmerten ihre »Radio Bar« im Inneren schnell und einfach zusammen: Nackte Wände, kalter Steinfußboden, ein paar Secondhand-Sofas – schon war eine Location mit dem Charme des nahenden Untergangs zum Boomen bereit. Viele der zahlreich strömenden Besucher kannten dieses Haus aus Kindertagen. Einst hatten sie es mit ihrer ersten Blockflöte verlassen.

Inzwischen pfeift das Imperium des Investors Häussler auf dem letzten Loch. Er musste für mehrere seiner Gesellschaften Insolvenz anmelden. Sein City Plaza, ein mächtiger Büropalast, sollte zum »Wahrzeichen am Rotebühlplatz« werden, wie es 2002 bei der Eröffnung hieß. Doch noch immer gibt es Ur-Stuttgarter, die, wenn sie von Fremden nach dem Weg gefragt werden, ohne lange zu überlegen, antworten: »Sie müssen am Radio Barth vorbei!«

Mit Instrumenten, Zubehör und Fachberatung, mit Gitarrensaiten, Mundstücken und dem Kontrabass kann keiner mehr in City-Lage Geld machen. Ist Stuttgart unmusikalisch geworden? Ganz Stuttgart? Nein, Hans R. Schweizer ist mit seinem 1968 eröffneten Laden Sound of Music zu einer Institution geworden. Wer nichts davon weiß, mag achtlos an dem Geschäft an der Olgastraße 82 vorbeilaufen. Wolfgang Dauner, Wolle Kriwanek, Peter Schilling oder die Fantastischen Vier haben hier ihre Instrumente gekauft. Etliche Weltstars, die in der Stadt gastierten, kamen vorbei, wenn was auf der Tour kaputt ging. Weil Musiker oft kein Geld haben, gibt es in diesem Laden ein rotes Buch, in das man seine Schuld eintragen kann. Es ist ein Buch mit großen Namen. Ein Buch, das immer wieder auf den Namen Barth zurückgeht. Auch Hans R. Schweizer hat dort einst gearbeitet – in jenem legendären Haus, der den Sound einer Stadt mitbestimmt hat.

City Plaza mit dem runden Dach.

Michael Settele

In Zeiten von Amazon haben die doch keine Chance. Und wenn ich fürs Einkaufen 2,80 Euro die Stunde Parkgebühren bezahlen soll, erst recht nicht.

Diana Balser-Steck

Find ich superschade. Habe viele gebundene Irvings und tolle Bildbände zu Spottpreisen dort gefunden.

Beliebt bei Protestlesern: Im Juni 2013 hat der Buchladen von Zweitausendeins für immer geschlossen.

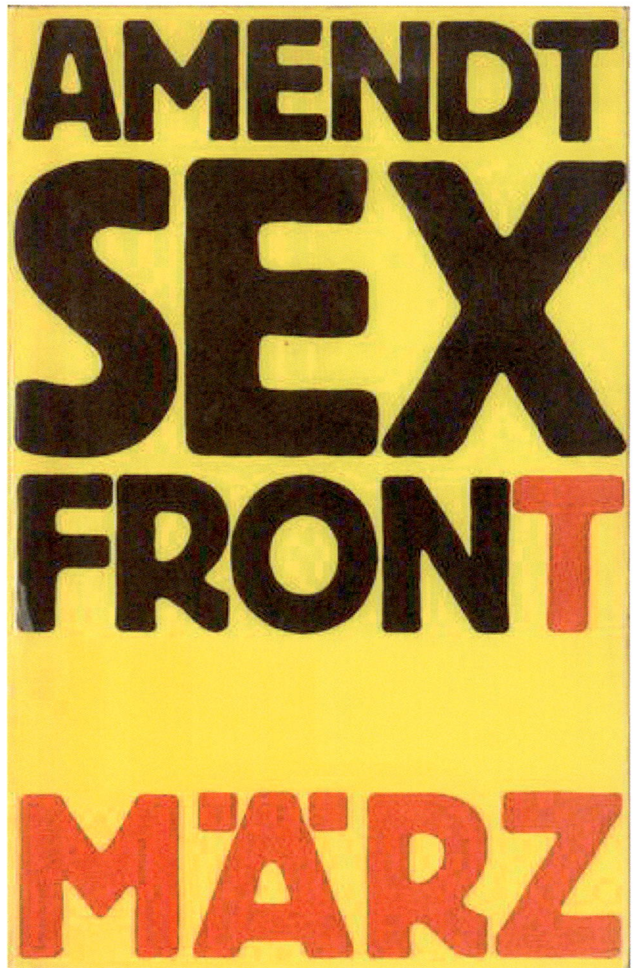

Zweitausendeins

Beste Reste

Rotfront, Sexfront: Was hat den Frontmotor von Zweitausendeins abgewürgt?

»Ona – nie! Ona – selten! Ona – oft!« Was selten und was oft ist, mag eine Frage sein, die individuell unterschiedlich beantwortet wird. Mit Sprüchen wie diesem hat es der linke Autor Günter Amendt in den 1970ern jedenfalls geschafft, sein Buch »Sexfront« nicht nur selten, sondern oft zu verkaufen. Mit knallgelben Umschlägen lag der mit provozierender Offenheit geschriebene Sexratgeber auch noch Jahrzehnte später stapelweise in den hochprofessionellen Ramschläden, die ihren Namen einem psychedelischen Film von Stanley Kubrick verdankten: Zweitausendeins.

Restposten zu Sonderpreisen

Das 1969 gegründete Unternehmen war zunächst ein reiner Versand, der ein intellektuelles, linkes und später ökologisch angehauchtes Milieu so exakt bediente, dass er zum Ausdruck einer Lebensform geworden ist. Als der Zenit bereits überschritten war, eröffnete Zweitausendeins 1989 – später als in anderen Großstädten – eine Filiale in Stuttgart, an der Esslinger Straße beim Breuninger-Parkhaus. Diese Filiale machte mit Restposten zu Sonderpreisen Geschäfte, war am Ende aber machtlos im Kampf gegen den Online-Buchhandel. Ende Juni 2013 musste das einst beim studentischen Protestpublikum und bei anderen Lesenarren beliebte Geschäft für immer schließen.

In der Stuttgarter Zweitausendeins-Filiale kurz vor der Schließung.

STUTTGART-ALBUM
ZWEITAUSENDEINS
1969-2013
INSOLVENT
www.Stuttgart-Album.de/Zweitausendeins

Einst hatten die jungen Leute kein Youporn auf ihren Handys, weshalb sie in dem Buch mit dem gelben Umschlag umso intensiver forschten. In den 1970ern gab es zwar schon Oswald Kolle, doch beschäftigte sich der Filmemacher eher mit eingeschlafenen Ehen. Günter Amendt propagierte das Recht der Jugendlichen auf Sexualität. Was heute selbstverständlich klingt, war damals unerhört. Das Frontalfoto einer Vagina brachte ihm eine Klage der Bundeszentrale für jugendgefährdende Schriften ein. Die Hüter des Anstands entschieden sich am Ende gegen die Moralapostel und für die Freiheit der Kunst. Den Vorwurf der Pornografie ließ der studierte Sozialwissenschaftler Amendt nie gelten. »Ich wollte den Körper erklären«, sagte er viele Jahre später. Der 2011 bei einem Autounfall verstorbene Autor liebte die kleinen Späße. Jeder kannte in den 70ern das Trimm-dich-Männchen, das zum Sport aufforderte. Frech und frei ließ er dieselbe Figur was ganz anderes rufen: »Fick mal wieder.«

Damit jeder daran dachte und auch sonst keinen Titel vergaß, gab's bei Zweitausendeins das »Merkheft«. So hieß die Programmschau des Versands. Kluge Leute bemerkten die Absicht, die dahinterstand. Der Legende nach hatten 1969 in Frankfurt zwei langmähnige Menschen das Unternehmen gegründet, um den oppositionellen Buchmarkt zu erobern. Die »taz« nannte die Zweitausendeins-Läden ein »Relikt der Achtundsechziger und Kramladen der Gegenkultur«. Alles nur noch Geschichte.

In der Stuttgarter Filiale von Zweitausendeins gab es die gesammelten Werke von Eckhard Henscheid, Gedichte von Charles Bukowski, Bildbände mit erotischer Fotografie und vieles mehr. »Beste Reste« hieß

Kloker

Dieter Böhme

Als »echter 68er« habe ich alles Mögliche dort eingekauft. Billiger ging's ja nicht mehr!

Silke En Route

Comic- und Plattenraritäten, allerlei Weltmusik und Unmengen an Büchern haben wir dort seit '89 erstanden, Brunnenwirt und 2001 waren fester Bestandteil des Citybummels. Seit ich als Landei unterwegs bin, allerdings eher via Online-Merkheft.

Alle Bücher mussten raus: Wieder steht ein Laden leer, hier an der Esslinger Straße 8.

in den legendären »Merkheften« all das, was zwar nicht gerade vom Laster gefallen war, aber kaum noch billiger ging. Dachte man zumindest.

Die Macht des Onlineversands war am Ende doch stärker. Der einst mit so viel Idealismus und Spaß gegründete Versand wurde verkauft, zog 2011 nach Leipzig – aber die Verluste wollten nicht schrumpfen, weshalb alle Filialen aufgelöst wurden.

Buchhandlungen sind Kulturträger. Schon wieder war in Stuttgart ein Opfer zu beklagen. Kurz vor dem Aus von Zweitausendeins hatte der Krimiladen Undercover geschlossen und den Täter rasch ermittelt. Das Internet sticht die Geschäfte vor Ort nieder.

Immer weniger Plätze zum Blättern und Schnuppern in Buchseiten bleiben. Im Internet riecht man nichts.

Dort fehlt die persönliche Beratung, der Kontakt von Mensch zu Mensch. Und deshalb, liebe Leserinnen und Leser des *Stuttgart-Albums*, die wir im Internet mit unserer Vorher-Nachher-Schau begonnen haben, sollten wir alle gemeinsam einen guten Vorsatz fassen: Wenn wir noch ein gedrucktes Exemplar des *Stuttgart-Albums* brauchen, um anderen Menschen damit eine Freude zu machen, kaufen wir es in einem Buchladen unseres Vertrauens. Und alle weiteren Bücher auch! Dann haben wir uns einen Button mit dieser Aufschrift verdient: »Ich bin ein Buchhandlungsretter!«

HOCHGEFÜHLE

Ewige Liebe

Der Fernsehturm ist in Stuttgart allgegenwärtig

Charles C. Urban

Ralf H. Schübel

Wie war gleich noch mal der Spruch? Schade, dass Beton nicht brennt.

Was? So nahe am Flughafen? Viel zu gefährlich! Fast hätte der Fernsehturm beim Bau in den 1950er-Jahren einen rot-weißen Warnanstrich bekommen. Die Behörden bestanden unter Hinweis auf internationale Abkommen darauf. Der Brandschutz kümmerte die Aufpasser im Rathaus damals hingegen wenig. Die Beamten befürchteten viel mehr, dass Flugzeuge, die das Rollfeld in Echterdingen ansteuern, den 217 Meter hohen Turm am Hohen Bopser übersehen und draufknallen könnten. Die Betonnadel müsse daher weiße und rote Streifen erhalten, die auch nachts wahrzunehmen sind. Von der »Samba-Socke« war fortan die Rede. Aus der wurde zum Glück nichts, was wir dem Architekten Erwin Heinle verdanken, dem Partner des Fernsehturm-Erbauers

Wird die Betonnadel zur Samba-Socke?

Fritz Leonhardt. Er drohte mit dem Ausstieg, sollten die Behörden auf Samba-Farben bestehen, und brachte Xenon-Hochdrucklampen ins Spiel, die auf Leuchttürmen zur Flugsicherheit eingesetzt wurden. Vier hochmoderne und eifrig rotierende Scheinwerfer, die sogar vom Flughafen-Tower aus gesteuert

S. 40/41 Fruchtsäule auf dem Cannstatter Volksfest.

Thomas Hoffrichter

Man sollte dann auch alle Gebäude mit mehr als einem Stockwerk sperren, damit keiner mehr runterspringt …

Alessandro Laza

Erst vor zwei Jahren wurde der Turm aufwändig saniert! Auch in Brandschutzthemen! Und da hat er alle Auflagen der Stadt erfüllt! Was soll der Mist jetzt?

werden konnten, waren kilometerweit zu sehen – sie versöhnten am Ende die Beamten mit dem Geniestreich der Erbauer. Bei der Eröffnung 1956 überreichte Oberbürgermeister Arnulf Klett dem SDR-Intendanten Fritz Eberhard eine mit Schnaps gefüllte Flasche in Fernsehturm-Form und lobte den Senderchef für dessen gelungene »Schnapsidee des Turmbaus«.

Dass der Turm mal brennen könnte, war in der Mitte des vorigen Jahrhunderts noch kein Thema. Es blieb Oberbürgermeister Fritz Kuhn im März 2013 überlassen, noch in den ersten 100 Tagen seiner Amtszeit eine unpopuläre Maßnahme zu treffen. Der Grüne ließ den Fernsehturm wegen »gravierender Mängel am Brandschutz« schließen, was einen Sturm der Entrüstung in der Stadt auslöste. »Offen bleiben«, lautete der neue Slogan in Anlehnung an die Stuttgart-21-Proteste. Mit seinem Verbot hat Kuhn die Liebe der Stuttgarter zu ihrem Turm neu entfacht, um nicht zu sagen: neu entflammt. Viele, die jahrelang nicht mehr oben waren, wollten natürlich jetzt unbedingt mal wieder hoch.

»Vom Wagnis zum Wahrzeichen« – so lautete im Jahr 2006 die Festschrift zum 50. Geburtstag des ersten Stahlbeton-Fernsehturms

Archiv SWR

WISSENSWERT:

Zum Bau des 216,6 Meter hohen Fernsehturms wurden folgende Baumaterialien verwendet: 1430 Tonnen Zement, 5250 Kubikmeter Kies und Sand, 340 Tonnen Beton-Spannstahl, 680 Kubikmeter Holz, 55 000 Stück Klinker und 85 000 Ziegelsteine. Das insgesamt 8,20 Meter hohe Fundament ist in 7,20 Meter Tiefe gegründet und wird von zwei Kegelstümpfen gebildet.

Der zylindrische Turmschaft verläuft parabolisch nach oben. Der Durchmesser am Eingang beträgt 10,80 Meter, am Korbansatz nur 5,04 Meter, was dem Turm die elegante Form verleiht.

Michael

Was ist das denn für eine Argumentation, weil man in Köln, Nürnberg und Hamburg nicht auf die Fernsehtürme darf … Nein, weil wir eine übernervöse Verwaltung haben, die von den ständigen Diskussionen um ein noch nicht mal gebautes Haus zermürbt ist, und deshalb überall drohendes Unheil sieht, deshalb ist der Turm zu.

Achim Trumpfheller

»Wie oft hat's in 57 Jahren gebrannt?« Auch wenn ich die Schließung sehr bedauere, aber das Pseudo-Argument ist schon recht hanebüchen. Nach dem Motto: »Gestern kam an der Kreuzung auch keiner …«

der Welt. War es immer schon ein Wagnis, den Turm zu betreten und in 36 Sekunden im Lift nach oben zu fahren? Risiko? Große Gefahr? Tatsächlich hat es in der langen Geschichte zwei Zwischenfälle gegeben. Am 8. Juli 1965 brennt es aus ungeklärter Ursache im Turmrestaurant – mit viel Glück passiert nichts Schlimmes: Niemand wird verletzt, der Sachschaden ist gering. Am 16. Juni 1982 muss die Feuerwehr ein zweites Mal in der bisherigen Turmgeschichte eingreifen. Um 17.23 Uhr erreicht ein Notruf die Leitstelle: »Beide Aufzüge in 14 Meter Höhe festgefahren.« Mit Leitern und Seilen eilen die Feuerwehrleute den eingeschlossenen und zum Teil panischen Fahrgästen zur Hilfe. Um 18.43 Uhr erreichen alle sicher den Boden. Sie waren genau eine Stunde und 20 Minuten eingesperrt. Unten werden die zum Teil geschockten Reisegruppen aus Zürich und Bruchsal vom Ersten Bürgermeister Rolf Thieringer aufmunternd empfangen – er lädt alle zum Abendessen ein. Nicht ungefährlich war auch schon der Bau. Die schwindelfreien Handwerker erhielten als Gefahrenzulage 35 Pfennig in der Stunde. Es stürzte kein Bauarbeiter ab. Andere tun es später freiwillig. 1958 wird auf der Aussichtsplattform ein für Lebensmüde kaum zu überwindendes Gitter angebracht.

Der Fernsehturm – für die Stuttgarter ist er eine wichtige Säule ihres Lebens. In der Stadt ist er allgegenwärtig, auf Taschen, Logos, T-Shirts. Er weist den Weg nach Hause. Wenn wir ihn auf Autobahnen aus der Ferne sehen, wissen wir: Wir sind daheim. Eigentlich müsste er inzwischen Radioturm heißen. Längst sind die TV-Antennen stillgelegt. Sie sind für den Frequenzbereich des terrestrischen Fernsehens nicht mehr geeignet, das erledigt nun der kleine Bruder, der Fernmeldeturm. Die digitalen Radioprogramme werden von Leonhardts architektonischem Wunder mit leistungsstarken DAB-Antennen ausgestrahlt. Die »Samba-Socke« blieb dem Fernsehturm erspart – und das Verbot, ihn zu betreten, hält auch nicht ewig.

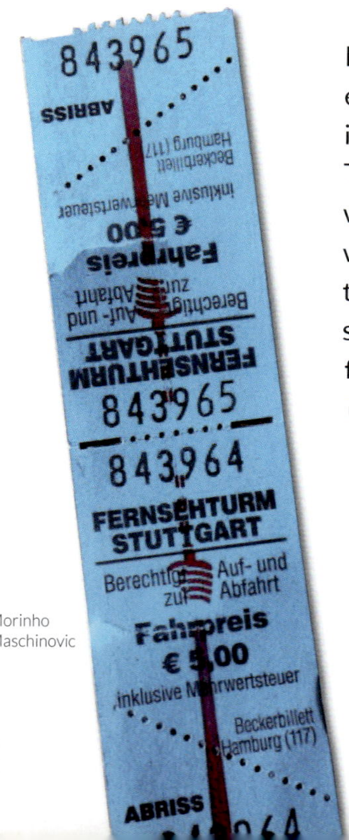

Morinho Maschinovic

DER KLEINE BRUDER

Zwar steht er im Schatten des benachbarten Fernsehturms, doch ist er für die Empfänger digitaler Fernsehprogramme viel wichtiger. Seit 2006 werden nämlich die terrestrischen TV-Programme nur noch über den Fernmeldeturm vom Frauenkopf ausgestrahlt, während der Fernsehturm ausschließlich die Radioprogramme verbreitet. Der kleine Bruder des Stuttgarter Wahrzeichens hatte im Jahr 2006 deshalb eine völlig neue Antennenspitze erhalten, die man ihm mit einem Hubschrauber aufsetzte. Probleme mit Brandschutz kennt der 192 Meter hohe und Anfang der 1970er Jahre erbaute Fernmeldeturm nicht. Denn fürs Publikum war er noch nie geöffnet.

50 JAHRE KESSEL

Der Blick auf die Stadt ist genial – besonders von der Wieland-Wagner-Höhe aus. Benannt ist der Aussichtspunkt unweit der Villa Reitzenstein nach dem deutschen Opernregisseur.

Das kleine Foto ist im September 1965 entstanden – der Vater vom *Stuttgart-Album*-Besucher Ralf Wagner hat es gemacht, als unten im Talkessel die U-Bahn gebaut worden ist. Am Charlottenplatz wird gerade das »Schwaben Bräu-Hochhaus« gebaut. An diesem markanten Gebäude kann man sich orientieren, wenn man die Ansicht der 1960er mit dem heutigen Foto vergleichen will. Schon ein Spaziergang mit den Augen kann so spannend sein.

Cordon blööö? Hemmer net!

Von der Mosterei bis zur Sterneküche: Genießer lieben die Wielandshöhe

Einzigartiger Blick durchs Fenster vom Höhenhotel Wielandshöhe Stuttgart

Charles C. Urban

Der Halbliterkrug mit Dinkelacker-Märzen kostete 38 Pfennig, die Ochsenzunge pikant mit Spätzle 1,50 Mark. Wer mehrere Krüge mit dem guten Bier in der Wielandshöhe trank, konnte entweder nach Hause laufen oder mit der Zacke talwärts fahren (damals kam kaum einer mit dem Auto). »Beachten Sie«, stand auf der Rückseite der alten Speisekarte, »daß Sie ab Wielandshöhe bis Schlossplatz für 15 Pfennig fahren können«.

Die Pfennig-Zeit ist längst vorbei. Doch schon damals in den 1930ern hätte man anderswo noch günstiger essen können. Bei der Familie Seitz, die das Lokal und das Hotel in Halbhöhenlage über mehrere Jahrzehnte bis ins Jahr 1975 betrieben hat, zahlte man immer auch ein bisschen für den grandiosen Blick auf die Stadt. Obendrein bestand Aussicht, prominente Menschen anzutreffen. Caterina Valente und Hildegard Knef stiegen hier oben ab. Zu den Stammgästen des Traditionslokals zählten OB Arnulf Klett und der Volksschauspieler Willy Reichert. »Auf so einer Höhe sollte man immer sein«, schrieb der schwäbische Humorist ins Gästebuch.

Sterne-Koch Vincent Klink, der die Wielandshöhe 1991 übernahm, nachdem sie 16 Jahre unbewohnt geblieben und zu einem Spekulationsobjekt geraten war, fühlt sich in der Tradition der Familie Seitz. Die Chefin, weiß Klink, habe »mit ziemlicher Resolutheit« regiert. Eines Tages habe eine feine Dame mit Pelzmantel und Klunkern das Traditionslokal betreten, die gar nicht wie eine schaffige Schwäbin auftrat. »Sie wollet bestimmt ein Cordon blööö«, soll Wirtin Seitz mit Stentorstimme gesagt haben, »Cordon blööö hemmer net.« Damit war der Rauswurf getätigt, bevor sich die feine Dame an einem Tisch niederlassen konnte.

Charles C. Urban

… auf der Rückseite der alten Speisekarte steht: »Beachten Sie, daß Sie ab Wielandshöhe bis Schlossplatz für 15 Pfennig fahren können.« War der ÖPNV wirklich mal so günstig!?

Dagmar

Ich glaube, die Preise haben sich etwas verändert.

Leni

Die Preise der alten Wielandshöhe waren gut, nur die Zeiten nicht.

Charles C. Urban

Speisekarte der Wielandshöhe in den 1930ern.

Das teuerste Essen auf der Speisekarte war in den 1930ern die »Wielandsplatte für zwei Personen« für 3,50 Mark.

Ungeklärt bis heute ist, wie die Wielandshöhe zu ihrem Namen kam. Die eine Theorie besagt, dass sich Christoph Martin Wieland, der Dichter der Aufklärungszeit, bereits Mitte des 18. Jahrhunderts als junger Mann auf der Anhöhe mit den Schönen von Degerloch traf. Andere dagegen vermuten, dass der Name der Wielandshöhe auf den Wirt August Wieland zurückgeht, der 1880 aus einem Wohnhaus an der Alten Weinsteige eine kleine Mosterei mit Mostwirtschaft machte. 1895 baute dieser Wieland noch eine Veranda, ein Geschirrhaus und ein Toilettenhaus dazu. Direkt an seiner Wirtschaft vorbei fuhr seit 1884 die Zahnradbahn. Zunächst wurde sie noch mit Dampf betrieben, weshalb es keine Haltestelle an der Wielandshöhe gab. Die Ursprungs-Zacke konnte hier nicht anhalten – ihr Antrieb wäre nicht stark genug gewesen, um an dem steilen Hang anzufahren. Man konnte aber abspringen. 1904 wurde die Bahn elektrifiziert, weshalb sie bei der Mostwirtschaft stoppen konnte.

Der Gastraum wurde zum magischen Ort

Nach dem Tod von August Wieland kaufte das Ehepaar Marie und Robert Seitz 1930 das Haus und erweiterte das Restaurant 1939 um ein Hotel. Die beiden blieben bis 1975. Dann wurde ihr Anwesen mehrmals verkauft. Ein Bauunternehmer wollte in dieser besten Aussichtslage Eigentumswohnungen

Michael Horlacher

Ein Traumort schon anno dazumal:
die Wielandshöhe im Grünen.

Der Zeichner Volker Kriegel hat den Showdown zur Eröffnung der Wielandshöhe festgehalten.

bauen – doch die Stadt machte ihm einen Strich durch die Rechnung. Aus Traditionsgründen müsse ein Restaurant rein. Die Rathausbeamten verfügten einen Baustopp. Der verärgerte Eigentümer drohte, vor alle Gerichte dieser Welt zu ziehen. Doch schließlich fand sich eine Lösung. Vincent Klink, der hoch gelobte Sternekoch vom Postillon in Schwäbisch Gmünd, konnte als Betreiber für das Lokal gewonnen werden. 1991 wollte er ohne Eröffnungsfeier loslegen. Doch dann geschahen seltsame Dinge, die Gäste der ersten Stunde bis heute nicht vergessen haben. »Herr Klink, wissen S' noch, als der Franz Josef Strauß hier im Lokal auf dem Tisch tanzte?«, ist der Sternekoch erst kürzlich gefragt worden. Na gut, es war zwar ein Bayer, der ausflippte, aber nicht der Strauß, sondern der Komiker Gerhard Polt, ein Freund von Vincent Klink. Mit den Musikern der Biermösl Blosn hatte sich dieser bereits durch mehrere Gänge hindurchgegessen, als er beschloss, ein Ständchen zu spielen. Die Sache endete damit, dass Polt auf dem Tisch sang und die Biermösl Blosn den Boden küssten. Manche der überrumpelten Gäste wollten unter den Tisch flüchten, um sich in Sicherheit zu bringen. Der Hausherr wies seinen Oberkellner an, allen Besuchern ein Glas Sekt auf den Tisch zu stellen, und holte seine Trompete, um selbst mitzuspielen.

»Solche Sternstunden in der Wirterei geben dem Beruf den eigentlichen Sinn«, sagt Vincent Klink heute, »der Gastraum wurde zum magischen Ort.« Geschehnisse dieser Art, davon ist der Häuptling am eigenen Herd überzeugt, »sickern in den Fußboden und geben einem Betrieb mit der Zeit eine gewisse Aura, die niemand erklären kann«. In der Zürcher Kronenhalle wehe noch heute der Geist Hemingways und der von James Joyce. »Und bei uns wabern seither die Biermösl Blosn und der Gerhard Polt aus den Ritzen.«

Im Eröffnungsjahr 1991 standen auf seiner Speisekarte übrigens zwei Menüs – mit vier Gängen zu 94 Mark und mit sieben Gängen zu 138 Mark. »Gutes Essen kann nicht billig sein«, sagt er. Die Aussicht bei ihm ist noch immer unbezahlbar. Doch auch wenn er seine Köstlichkeiten den Gästen im fensterlosen Keller servieren würde, wären sie begeistert.

Seit 1991 Patron der Wielandshöhe: Sternekoch Vincent Klink.

Tina

Ein toller Typ, der Vincent Klink, ein Genießer durch und durch. Poet, Koch, Musiker und hat immer einen guten Spruch drauf.

Gudrun Anne-Charlott Reiter

Der Berg der Träume

Das Waldhaus hat Könige wie Poeten angelockt

Das Waldhaus zählte im vorigen Jahrhundert zu den beliebtesten Ausflugszielen der Stadt. Heute ist die Traditions(gast)stätte auf dem Hasenberg nur noch eine Ruine. Ein Aussichtsort, der verfällt – das macht viele Wanderer wütend.

184 Stufen führten hinauf zu einem traumhaften Blick bis zur Schwäbischen Alb und zum Schwarzwald. Schlank ragte der 36 Meter hohe Hasenbergturm über den Wald – er war ein Wahrzeichen der Stadt, lang bevor es der Fernsehturm wurde. Der Hasenbergturm, 1879 vom Verschönerungsverein erbaut, lockte schon bald nach seiner Eröffnung Zehntausende an. Die vielen Besucher hatten nach dem steilen Aufstieg auf den Hasenberg Hunger und Durst. Rund um das Ausflugsziel entstanden das Jägerhaus, das Hotel Buchhof und das Waldhaus.

Was ist von der alten Pracht übrig geblieben? Steine, Ruinen, ein Stumpf des 1943 von den Nazis gesprengten Hasenbergturms, der den Flugzeugen der Alliierten keine Orientierung bieten sollte. Stuttgarts Hügel und die schöne Aussicht, die sie bieten, werden von der Gastronomie heute nur noch an wenigen Stellen genutzt. Und auch der 450 Meter hohe Hasenberg dürfte auf absehbare Zeit nicht dazuzählen.

Medienholding Süd

Manon Maultäschle LaKost

Schwarzwaldbecher im Waldhaus mit Fernsehturmblick – ein Traum!

»Gruss vom Waldhaus, Hasenberg-Stuttgart« – Günter Lemme, der Poet, Maler und Wirt a. D., bewahrt die alten Postkarten in seinen Alben. Die liebevoll eingeklebten Fotos künden von einer Herrlichkeit, die keiner ahnt, wenn er durch die zerbrochenen Scheiben in ein baufälliges Anwesen blickt. Hier hockte der letzte württembergische König Wilhelm II. in der für ihn reservierten Ecke bei Schwarzwurst und Viertele, aber auch die Bürgerschaft fühlte sich wohl in dem heute traurig verrotteten Gebäude.

1960 hatte der in Salzwedel in der Altmark geborene Lemme als Kellner im Waldhaus begonnen. »Schon morgens um 9 Uhr kamen die ersten Gäste«, erinnert er sich, »es ging bis in die Nacht so weiter – wir haben oft erst um 2 Uhr zugemacht.« Die Eigentümerin Margarete Müller machte den fleißigen Kellner bald zum Betriebsleiter und Pächter, arbeitete aber bis ins hohe Alter mit.

Die Müllers waren die dritte Besitzerfamilie in der Geschichte des Waldhauses. Im Jahr 1900 hatte der Apotheker Robert Xander, einst schon Betreiber des nahen Jägerhauses, das 1879 als Privathaus gebaute Anwesen als Gaststätte eröffnet. In den 1930er-Jahren ging der Besitz an Gotthilf Raisch über, der in

Christina Distelbarth

Das war einfach einzigartig – die Kuchen von der Oma, der Service, die Bilder – einfach ganz, ganz besonders und toll! Mir fehlts!

Direkt neben dem Waldhaus (rechts) hat Günter Lemme sein Atelier.

Antonio Arnesano

Sonntagabends kurz nach 21 Uhr. In fast geduckter Art und Weise wird im Waldhaus immer wieder die fast devote Frage gestellt: »Guten Abend, kriegma no was zum Essa?« »Ha noi, junger Mann! Um die Zeit isch d' Küch scho zu! Da müsset Se scho früher komme, gell!« ... Ha no!

Günter Lemme

Hoher Besuch im Waldhaus: Lemme (Mitte) mit Bundespräsident Richard von Weizsäcker (links) und Künstler Otto Herbert Hajek.

den 1960er-Jahren den Stab an seine Verwandten, die Müllers, weitergab.

Der Hasenberg mit seinem traumhaften Ausblick hat den Pächter Lemme zum Maler und Poeten gemacht. »Oft verloren in Gedanken / sitz ich überm Häusermeer, / seh den wilden Wein dort ranken, / unten rauscht der Verkehr«, so beginnt eines seiner Gedichte. 48 Jahre lang war er der Gastgeber in dem Höhenrestaurant, das sich fast trotzig allen modischen Erneuerungen verweigerte. Wer das Höhenlokal betrat, landete flugs in den 1960ern. Dies gefiel prominenten Stuttgart-Besuchern wie Alfred Biolek, Heidi Kabel und Willy Brandt. Der Künstler Otto Herbert Hajek, der an der Hasenbergsteige sein Atelierhaus hatte, war Stammgast und brachte einmal den damaligen Bundespräsidenten Richard von Weizsäcker mit. Oft kam Fritz Leonhardt, der Erbauer des Fernsehturms, und setzte sich stumm auf die Terrasse. An keinem Punkt der Stadt, sagte er, gefalle ihm sein Turm so gut wie hier. Seine geliebte Stadt überblickt Lemme jetzt nur noch von seinem Atelierhäuschen aus, das wenige Meter vom Waldhaus entfernt ist. Vor wenigen Jahren wurde das Grundstück frei. Welch ein Glück für ihn – den Zuschlag bekam er. Die Stadt untersagte ihm aber, dort Getränke und Kuchen den zahlreichen Wanderern anzubieten.

»Hasenberg, du kleiner Hügel inmitten einer großen Stadt, schenkst den Blicken sanfte Flügel«, dichtet Günter Lemme. Beim Waldhaus existiert die heile Welt nur noch in der Poesie. Nach dem Tod der Besitzerin im Jahr 2008 nahm das Unheil seinen Lauf. Eine General-

Gabriele Fuerst

Furchtbar ärgerlich, dass das Waldhaus aus komischen Gründen so verkommt. Eine Schande!

sanierung stand an, die weder die Erbengemeinschaft noch der Pächter stemmen konnte. Die neuen Besitzer kündigten Lemme, der – damals schon 74 Jahre alt – mit seinem Sohn gern weitergemacht hätte. Zum Spekulationsobjekt geriet der exponierte Ort – doch die Stadt stellte klar: Hier muss wieder eine Gaststätte her, hier ist nicht der Platz für Luxuswohnungen.

»Hier oben wird man einfach lyrisch«, sagt der frühere Wirt Lemme, »da wachsen Träume heran und Luftschlösser, da riecht man den Ursprung.« Als Künstler rühmt er das Schöne – und doch bricht es ihm das Herz, wenn er den Verfall des geliebten Waldhauses verfolgt. Für ihn ist es zu einem Alptraum geworden. Da fehlen selbst dem Dichter die Worte.

Blick von der hohen Warte: Die Stadt liegt Günter Lemme zu Füßen.

Blick vom Hasenberg auf eine grüne Großstadt.

»Oft verloren in Gedanken
sitz ich überm Häusermeer,
seh den wilden Wein dort ranken,
unten rauscht der Verkehr«
Günter Lemme

Wolfgang Schneider

Und das Ganze ohne Sicherheitspersonal und Sicherheitsschleusen! Heute unvorstellbar.

Walter Lässig

Dagmar Heckel

Das alte Terminal wurde im Jahr 2000 abgerissen.

Bitte fertig machen zum Start!

Auf dem Stuttgarter Flughafen war die Besucherterrasse zum Greifen nah

Haare hoch! In den 1960ern trugen die Damen keine russischen Fellmützen – sie toupierten Turmbauten auf ihren Kopf. So wie die junge Frau, die in Echterdingen auf der Gangway der belgischen Fluglinie Sabena den Lieben zuwinkt. Dagmar Heckel hat dem *Stuttgart-Album* das Foto ihrer Mutter geschickt. »Es muss 1965 gewesen sein«, schreibt sie, »als es noch freie Sicht aufs Flugfeld gab.« Ihre Mutter flog damals allein zu den Freundinnen nach Amerika, was für die Zeit sehr fortschrittlich war. Es ging mit Sabena von Stuttgart über Brüssel in die USA. Marc Simianer erinnert sich noch genau an das Logo mit dem S auf dem Bordbesteck. Er hat »die Zwergengabel, das Zwergenmesser und Zwergenlöffel« von Sabena bis heute aufbewahrt.

Die Fluglinie mit dem S ging 2001 bankrott. Den Damen fielen die Haare nach unten, die Zäune am Flughafen aber ragten spitz und steil immer weiter nach oben. Kinderleicht wäre es in den 1960ern gewesen, von der Besucherterrasse direkt aufs Rollfeld zu marschieren. Als es noch genügend Öl gab, dachte noch keiner an Flugzeugentführungen. Heute erinnert der Zaun um die Besucherterrasse auf der fünften Ebene des 2004 eröffneten Terminals 3 an den Hochsicherheitstrakt einer Vollzugsanstalt.

Harald Kienitz

Jochen Reinhardt

1965 auf Besuch nach USA zu fliegen, war 'ne Ansage … Fliegen war damals noch echt was Besonderes. Konnte nicht jeder.

Oben:
Die Besucherterrasse in den 1960ern.

Rechts:
Mutti verabschiedet sich auf der Gangway.

Dagmar Heckel

Oliver Kellermann

Ja … Kubakrise, Mauerbau, kalter Krieg, teure Flugpreise, die sich nur Betuchte leisten konnten, etc., etc. – die Zeit war doch so viel besser als heute.

Ade, ihr Lieben!

Im September 1939 war der Stuttgarter Flughafen eröffnet worden – schon kurz vor Kriegsausbruch hatte die Luftwaffe der Nazis das Areal übernommen. Die SS richtete hier 1944 ein KZ-Außenlager für 600 jüdische Häftlinge ein. Sie wurden in einem Hangar gefangen gehalten und mussten in einem Steinbruch arbeiten sowie Straßen vom Flughafen zur Autobahn bauen. 119 Männer starben an den unmenschlichen Bedingungen des Lagers. Die Geschichte des Stuttgarter Flughafens beginnt mit einem dunklen Kapitel.

1948 wurde das Gelände an die Stadt Stuttgart übergeben – Startschuss für den zivilen Flugbetrieb. Mit dem Wirtschaftswunder wächst die Sehnsucht nach fernen Stränden. Schon 1954 hatten Kurt und Else Hetzel die ersten Sizilien-Sonderzüge mit sonnenhungrigen Schwaben gefüllt. Der Höhenflug gelang ihnen 1963, als sie eine propellergetriebene DC 7 nach Barcelona schickten – das Zeitalter der Charterflüge hatte begonnen. Ade, ihr Lieben! Es geht los, wir heben ab! Bitte fertig machen zum Start.

Reise zum Himmel

Die erste Ballonfahrt nach dem Krieg

Schokolade macht glücklich, und bekanntlich ist nur Fliegen schöner. So gesehen haben sie bestens zusammengepasst, der Sponsor und die ersten Ballonfahrer nach dem Krieg. Haller – so hieß die Schoko-Fabrik, die in Obertürkheim bis 1967 Süßes riegelweise produziert hat – finanzierte in Wirtschaftswunderjahren der Ballonsportgruppe Stuttgart ihr 1600 Kubikmeter großes Gefährt, damit sie wieder den Himmel bereisen konnte. »Haller« stand ganz groß auf der Ballonhülle überm Korb. Mit Fliegen hatte das natürlich nichts zu tun – im Ballon fährt man.

Sammlung Volker Löschhorn

Los ging's am 17. Mai 1953 im Ehrenhof des noch nicht wieder aufgebauten Neuen Schlosses. Zum Füllen des Ballons hatte man extra eine Gasleitung auf den Schlossplatz gelegt. Der Start verzögerte sich. Die Gaszufuhr reichte zunächst nicht aus. Es war Mittagszeit. Da verbrauchten die Hausfrauen beim Kochen so viel Gas, dass nicht genügend vor dem Schloss ankam. Bei der ersten Fahrt im Korb: die Piloten Alfons Jutz und Hugo Greiner, Bürgermeister Josef Hirn und Haller junior. Von oben konnte die Reisegruppe den Hauptbahnhof fotografieren. Sicher landete das Quartett im Murrhardter Wald.

Fortunas lange Reise

Auf den Glücksrausch mussten die Stuttgarter etwas länger warten

Andrea Blume

Ich hatte mal fünf Richtige – zusammen mit etwa 100 000 weiteren Menschen. Es gab für jeden 350 D-Mark.

Ziehung der Lottozahlen 1958 im Hörsaal der Technischen Hochschule Stuttgart.

Für die römische Göttin Fortuna endet die Reise am Schlagbaum. Hier beginnt Baden-Württemberg! Hier ist alles noch anders im Jahr 1957. Die schöne Fortuna schafft es nicht, mit ihrem Füllhorn den Zöllner zu becircen. »Nix da, Fräulein Fortuna«, sagt der wackere Beamte und winkt ab, »bei ons gibt's koi Glück, da wird g'schafft!«

Eckart Munz hat die Begegnung von Glück und Gesetz an der Landesgrenze im Mai 1957 als Karikatur für die »Stuttgarter Nachrichten« aufgespießt. Längst war in anderen Bundesländern das Zahlenlotto 6 aus 49 erlaubt, da tobte in Stuttgart noch der Streit um Moral, als wäre die Glücksziehung ein Werk des Teufels. Dabei hätte das Land die Einnahmen aus dem Glücksspiel gut gebrauchen können für soziale Zwecke. Doch die Kirche nannte Lotto »so giftig wie Nitrit«. Leitartikler warnten vor der »Modekrankheit Lottofieber«. Diese Gefahr greife »schneller um sich als die Spanische Grippe«. Den Bürgern schien's egal. Sie fuhren einfach nach Bayern oder Rheinland-Pfalz und füllten dort ihre Teilnahmescheine aus.

So giftig wie Nitrit

Die Lust am Spiel war nicht aufzuhalten. Das Fußball-Toto gab's in Baden-Württemberg ja schon seit 1948. Nach hitzigen Debatten im Landtag durfte die Staatliche Sport-Toto GmbH am 26. März 1958 endlich dem Deutschen Lottoblock beitreten. Endlich ergab sich die Chance, jene Hochgefühle zu erleben, die ein Glücksrausch auslöst. Die ersten sechs Richtigen fürs Land sind am 13. April 1958 – es war ein Sonntag – gezogen worden. Die Gewinnerzahlen: 10, 13, 16, 28, 29 und 47. Doch wo war Fortuna? Hatte der Grenzbeamte sie immer noch nicht hineingelassen? Trotz eines Spieleinsatzes in Höhe von insgesamt 812 893 D-Mark gab's keinen Lotto-Sechser. Der Traum vom Supergewinn ging in Baden-Württemberg erst am 1. Juni 1958 in Erfüllung. Ein Freiburger gewann den damaligen Höchstgewinn von einer halben Million Mark.

Weil das Fernsehen die Lotto-Ziehung noch nicht übertrug, wechselten sich die Lottogesellschaften bei der Verteilung des Glücks ab. Am 5. Oktober 1958 war Stuttgart erstmals Austragungsort. Im Hörsaal der Technischen Hochschule Stuttgart fielen – vor mehreren hundert Zuschauern – die Zahlen 2, 4, 8, 30, 38, 44 und die Zusatzzahl 14. Alles gerade Zahlen – eine Premiere im deutschen Lotto.

Schon damals zeigte ein Mann die Glückszahlen an. Dies ist heute wieder der Fall – nach einer langen Phase im Fernsehen mit nur weiblichen Glücksfeen. Die Lottoziehung wird heute im Internet mit dem Stuttgarter TV-Journalisten Chris Fleischhauer ausgestrahlt. Der bisher höchste Einzelgewinn in der Lottogeschichte des Landes seit 1958 wurde übrigens am 2. April 2011 ausgespielt: Ein Stuttgarter kam auf sage und schreibe 24 852 572,00 Euro. Fortuna hatte also doch noch den Weg nach Baden-Württemberg gefunden.

Lotto-Prinz Chris Fleischhauer mit Marion Caspers-Merk, der Lotto-Geschäftsführerin von Baden-Württemberg.

Chris Fleischhauer

Das größte Glück im Leben ist nicht Geld, sondern Gesundheit. Das ist und wird sicher auch noch eine Weile für uns alle jenes Gut im Leben bleiben, das man sich nicht mit Geld kaufen kann. Daher bin ich glücklich, wenn ich weiß, dass es denen gutgeht, die mir am Herzen liegen.

STUTTGARTS GELBE SEITEN

Zenz Engel

Archiv SSB AG

Marc Schumacher

Ich kam 1977 nach Stuttgart, da haben sie gerade begonnen, die Straßenbahnen am Schlossplatz tieferzulegen. In der vorderen Reihe meine ich einen Mercedes W114/W115 zu sehen, der wurde von 1967 bis 1977 gebaut.

In der Bahn mit Ringelnatz

Strambe-Geschichten – jeder kann welche erzählen

Seit 1863 rumpelt die Tube im Untergrund von London, die Pariser bekamen 1900 ihre Metro, und die U-Bahn in Berlin ging 1902 an den Start.

Stuttgart musste etwas länger warten, bis das Leben unter der Erde weitergehen konnte. 1961 beschließt der Gemeinderat, die zentralen Strecken des öffentlichen Nahverkehrs tieferzulegen – insgesamt sind es 17 Kilometer. »Oben bleiben« ruft zu dieser Zeit noch keiner. Aber es traut sich auch niemand, die ersten Versuche des unterirdischen Vorwärtskommens als »U-Bahn« zu bezeichnen. Man nennt die neuen Linien »U-Straßenbahn« – denn die Bahnen schauen immer wieder raus aus der Erde, als müssten sie Luft schnappen, und dann geht's wieder runter.

S. 62/63 Straßenbahnen auf dem Schlossplatz, im Jahr 1956.

Johanna C Kula

I love seeing the old pictures of what Stuttgart looked like once upon a time …

Gisela App

Die Königstraße in den 1960ern.

Rotebühlplatz 1905.

Marlis Hoffmann

Am 2. Juli 1962 beginnt die Stadt damit, ihre City zu unterkellern. An diesem Tag sticht am Charlottenplatz der erste Spaten für Stuttgarts Tunnelnetz ins Erdreich. Es wird eine Operation am offenen Herzen – trotz Großbaustelle darf es auf den umliegenden Straßen keinen Verkehrsinfarkt geben. Nach vierjähriger Bauzeit wird 1966 die Jungfernfahrt zwischen Holzstraße und Staatstheater gefeiert. Es sollte der Anfang fürs große Wühlen im Untergrund sein. Am 5. Juli 1971 gibt der damalige Bundesverkehrsminister Georg Leber mit dem Presslufthorn das Startsignal für den Bau der S-Bahn. Stuttgart wird zu Maulwurfshausen und bekommt den wenig schmeichelhaften Beinamen »Stadt zwischen Löchern und Gräbern«.

Gabi Lapehn

In den 1970ern fuhren Straßenbahnen und Autos durch die Röhren des Kleinen Schlossplatzes.

Auch auf dem Schlossplatz verschwinden die großen Gelben. Die Idylle der alten Fotos, auf denen die Straßenbahn noch beim Königsbau zu sehen ist, sorgt im *Stuttgart-Album* für wehmütige Kommentare. »Damals war die Welt noch in Ordnung, damals durften noch Autos und Strambe oben fahren«, hat Robin geschrieben. Doch wie wäre das wohl, müssten sich heute Fußgänger, Autos und Straßenbahn die Königstraße teilen? Es wäre ein Kampf – ein Überlebenskampf. Heute werden in der Fußgängerzone 16 800 Passanten in der Stunde gezählt. Man könnte sie nicht alle an den Rand der Straße verbannen.

Vor Weihnachten ist die Sogwirkung am stärksten. Dann ist es hier so voll, als hätte man die Menschen aus der gesamten Stadt und dem Umland über diese eine Straße ausgekippt. Seit 1977 sind auf der unteren Königstraße die Fußgänger unter sich, seit 1979 auch auf dem oberen Teil.

Der 1928 erbaute Tagblatt-Turm mit 18 Etagen, das erste Hochhaus Stuttgarts.

Marcel Zügel

WISSENSWERTES

1863 startete die Tube in London – und 1868 die erste Straßenbahn in Stuttgart. Halt, nein, damals war's noch eine Pferdebahn. Sie fuhr vom Stadtarchiv (Charlottenplatz) zum Bad Berg – so schnell, wie der »Hafermotor« konnte. Der Bauunternehmer und Sägewerksbesitzer Georg Schöttle hatte die königliche Konzession für eine Bahn in Stuttgart erhalten. Neun Kutscher und acht Wagen gehörten zum Bestand. Eine Fahrt kostet drei Kreuzer. Im Jahr 1880 betrug der Monatslohn eines Kutschers 75 bis 90 Mark. Gearbeitet wurde täglich zwölf bis 14 Stunden, nur jeder zehnte Tag war frei. 1889 wurde die Aktiengesellschaft Stuttgarter Straßenbahnen gegründet – die Pferdewagen wurden zu Reklameträgern. 1895 wurde in Stuttgart der elektrische Betrieb eingeführt. 1898 geht der letzte Gaul in Rente.

Weitere Jahreszahlen aus dem Geschichtsbuch von Bus und Bahn:

1902 fährt die erste Straßenbahn durch einen Tunnel – durch den 1896 gebauten Schwabtunnel im Stuttgarter Westen.

1924 kommen die Bahnen zu ihrer gelben Farbe – zur Imageförderung wird der Einheitslook beschlossen.

1943 zahlen Erwachsene für jede Fahrt, ganz egal, wie lang sie ist, 20, Kinder 10 Pfennig.

1972 werden erstmals nach 53 Jahren Frauen als Straßenbahnfahrerinnen eingesetzt.

1978 überquert die letzte Straßenbahn den Schlossplatz.

1985 beginnt die nächste neue Zeitrechnung: Mit der Linie U 3 startet die erste Stadtbahn.

1987 endet mit der Eröffnung des Weinsteigtunnels nach 83 Jahren der Straßenbahnverkehr auf der Neuen Weinsteige.

Archiv SSB AG

Alexander Baumgarten

Als die Straßenbahn noch auf der Weinsteige fuhr, gab es jede Menge Tote und Verletzte. Straßenbahnhaltestelle Haus 61 wäre heute ein Fall für den Staatsanwalt … zu Recht.

Straßenbahn-Fahrt auf der Neuen Weinsteige in den 1970ern.

Archiv SSB AG

Reklame gab's auch schon auf den Pferdebahnen.

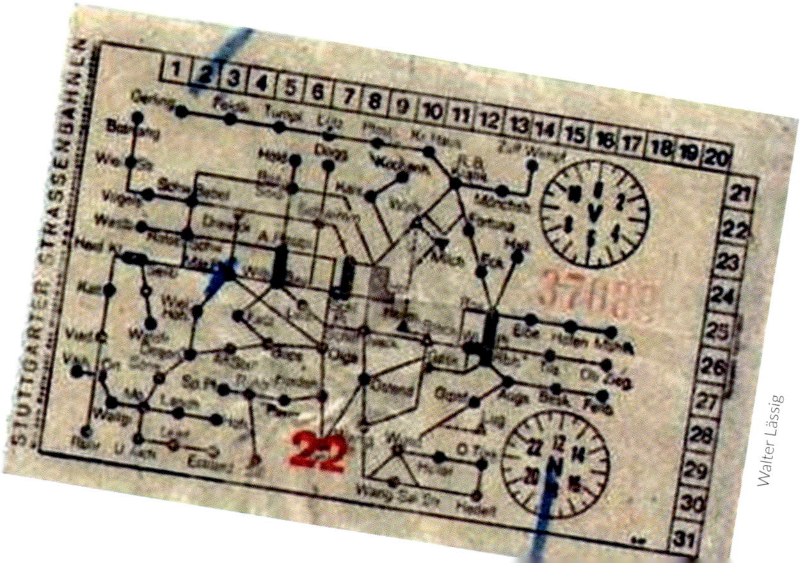

Walter Lässig

Rainer Stahl

Tja, ich weiß noch sehr gut, wie glitschig die Schienen auf der Neuen Weinsteige gerade bei Regenwetter waren, beim Überholen anderer Fahrzeuge eine sehr riskante Angelegenheit. Aber schön war's trotzdem.

Wolfgang Theurer

Das Bild von der Strambe auf der Weinsteige mit dem Fernsehturm im Hintergrund ist mindestens 50 Jahre alt. Der Borgward stammt noch aus den Fünfzigern, der GT 4 mit der Nummer 501 ist einer der ersten Züge dieser Serie, die 1959 in Stuttgart eingeführt wurden.

SSB Archiv

Der Sechser auf der Neuen Weinsteige.

Straßenbahn-Geschichten – jeder kann welche erzählen. Nachts um halb eins trafen sich einst alle Linien auf dem Schlossplatz und warteten aufeinander, sodass man in die Bahn umsteigen konnte, die einen heimbrachte. Es gab Schaffner, die von Platz zu Platz gingen und Fahrscheine verkauften, die je nach Entfernung unterschiedlich kosteten. Sie hatten verschiedenfarbige Ränder. Auf den Fahrscheinen war ein stilisierter Netzplan aufgedruckt, und die Schaffner markierten mit blauer Fettkreide die Einstiegshaltestelle und strichen auf einem Uhrenkreis die Zeit ab. In den ersten GT4-Wagen befand sich dann hinten eine Kabine, in der der Schaffner saß, und der stempelte dann Tag und Uhrzeit auf.

Straßenbahn-Geschichten – heute werden sie auch auf die Dachschrägen der Bahnen geschrieben. Im Jahr 1987 haben die SSB die Aktion »Lyrik unterwegs« begonnen – nach einer Idee der Deutschlehrerin Ursel Hosch. Sie hat gehört, dass in der Londoner U-Bahn Gedichte hängen. Die Chefs der SSB finden ihren Vorschlag so gut, dass von nun an Gereimtes und Ungereimtes über den Fenstern der Bahn hängt. Ob die Werke von berühmten Dichtern oder Nachwuchstalenten stammen – alle paar Monate wird die Poesie ausgetauscht.

Gisela App

Auf der Königstraße fuhren in den 1970ern die Linien 1, 2, 5, 6, 9, 10, 14 und 15.

Walter Lässig

Seit 1902 ist die Zahnradbahn elektrisch.

Joachim Ringelnatz hat sein Sechs-Monats-Ticket für dieses schöne Gedicht mit dem Titel »Schweigende Fahrgäste« bekommen:

Die Fremden, mit denen ich fahre,
Gezwungen einander gesellt —:
Aus jedem Augenpaare
Träumt eine andere Welt.
Doch wie ich mich allen verbinde
In schweigender Rätselei,
Irr ich vielleicht. Doch ich finde:
Man wird versöhnend dabei.

Wird ebenso versöhnend, wer immer nur allein in seinem Auto sitzt? Die SSB liefern folgenden Vergleich: »200 Autos – bei einer durchschnittlichen Besetzung von 1,1 Personen pro Fahrzeug – bilden eine Schlange von über einem Kilometer. Diese Personenzahl entspricht gerade mal dem Aufkommen einer einzigen Straßenbahn.«

Wahrer Luxus ist, wenn man zwar ein Auto besitzt, es aber nicht fahren muss. 50 Prozent aller SSB-Fahrgäste sind laut Statistik so gut dran. Sie sind Autobesitzer, wollen aber was für die Umwelt tun und ihre Nerven schonen. Oder einfach nur mal ein neues Gedicht lesen. Ringelnatz gefällt uns immer wieder gut. 1928 hat er geschrieben: »Ja, Stuttgart ist schön, gegen dies scheiß München ein Paris.« Wie er darauf gekommen ist? Ach, das ist eine andere Geschichte.

1957

GROSSER GRABEN

Bevor der württembergische König Friedrich I. 1811 der Königstraße den heutigen Namen gab, hieß sie Großer Graben. Den gibt es heute wieder. Ein großer Graben zieht sich durch die Stadt, seit der Streit um den Hauptbahnhof, auf den die Königstraße zuführt, eskaliert ist. Eine tiefe Kluft teilt Stuttgart. In vielen Familien gibt es sowohl Kritiker als auch Befürworter des unterirdischen Bahnprojekts – und manch einer wechselt das Lager. Die Schönheit des 1928 eröffneten Bonatz-Baus ist unumstritten. Die Frage aber, wie bedeutend der Nord- und der Südflügel sind, bringt die Menschen gegeneinander auf. Im Herbst 2010 fiel der Nordflügel. Kurz danach kam es zu einem gewaltsamen Polizeieinsatz gegen Demonstranten, der als »Schwarzer Donnerstag« ein trauriges Kapitel in der Stadtgeschichte einnimmt. »Der große Graben« heißt übrigens auch ein Asterix-Heft, das 1980 erschienen ist. In dieser Geschichte sind die Dorfbewohner heftig zerstritten. Die einen tragen längs-, die anderen quergestreifte Hosen. Wenigstens im Comic gelingt zum Ende am Lagerfeuer die Versöhnung. Als Zeichen des Kompromisses tragen alle karierte Hosen. Im Stuttgart unserer Tage sieht man karierte Hosen selten.

1929

Felix Scheub

2010

Felix Scheub

201

WISSENSWERT:

Hugendubel hat den Stockschirm erfunden, der 1909 im Rahmen der Präsentation der neuen Kollektion bei Hofe gezeigt wurde. Am 22. September 1909 wurde die Wort-Bildmarke »Stockschirm Hugendubel« beim Deutschen Patent- und Markenamt (DPMA) für Waren und Dienstleistungen der Klasse(n) 18 zur Registrierung angemeldet:

Inhaber:
Schirmfabrik Hugendubel GmbH & Co. KG
Status: Marke gelöscht
Aktenzeichen: DE122815
Registernummer: H18685
Anmeldetag: 22.09.1909

Regine Hugendubel

Mirjam Tiefenbacher-Weckmann

Boah, ich fühle mich soooo alt, wenn ich das Hugendubel-Werbeschild sehe! Sieht aus wie von anno dazumal und ich kann mich noch soooo gut erinnern! Hmm, wo liegt jetzt das Problem?

Als man noch mit Regen Geld verdiente

Die Geschichte eines legendären Straßenbahn-Schilds

Heidi Lenz

Von Hugendubel stammt auch dieser herrliche Werbespruch: Auch Schirme haben Liebesleben, sonst würd' es keine Knirpse geben.

Hoffentlich geht es Ihnen, liebe Leserin, lieber Leser, nicht so wie der armen Tante des 1969 verstorbenen Fabrikanten Horst Hugendubel. Die alte Dame hatte nämlich nur einen einzigen Reiz – es war der Hustenreiz. Damit nicht genug. »Und ihren Charme hat sie in der Straßenbahn stehen lassen«, war auf einer Werbekarte der 1950er-Jahre zu lesen, auf der glücklicherweise sogleich die Lösung des Problems stand: »Jetzt kriegt sie einen neuen Schirm vom Hugendubel.«

Gut, dieser Reklametext war nicht gerade senioren- oder tantenfreundlich. Nein, er war politisch unkorrekt, wie man heute sagen würde, also forsch und gewagt. So ein forscher Mann, der was wagte, war Horst Hugendubel. Der Chef einer Stuttgarter Schirmdynastie galt als Visionär seiner Zeit. Er hatte nicht nur selbst viele gute Einfälle, sondern auch eine Frau mit Witz. Von ihr stammt die Idee zu einem Schild, das man heute »legendär« nennt. 1942, als sie hörte, was sich in der Fundsachenstelle der Straßenbahnen massenhaft anhäufte, war ihr der über Jahrzehnte eingesetzte Werbespruch eingefallen. »Vergiß nicht deinen Hugendubel«, stand da drauf. Zu sehen war ein Schaffner, der sich mit einem Schirm weit aus dem Wagen lehnt. Generationen von Stuttgartern sind damit groß geworden. Als Kinder fragten sich viele von uns, was denn ein Hugendubel ist. Das Ding auf den Schildern sah doch aus wie ein Schirm. Aber irgendwann haben wir's kapiert. Hugendubel war ein schwäbisches Synonym für Regenschirm, auch wenn das Wort gar nicht schwäbisch klingt.

Als Knirps geboren

»Als Knirps geboren« ist Regine Hugendubel, wie sie selbst sagt. Die Tochter des Schirmfabrikanten ist Chefin einer Eventagentur in Warmbronn bei Leonberg und weiß genau, wie man dem Regen und anderen Widrigkeiten des Lebens trotzt. Ihr Urgroßvater hatte die Firma 1833 gegründet. Ihr Großvater war königlicher Hofschirmlieferant des letzten Königs von Württemberg, ihre Mutter hatte die Idee zum Schild, ihre Stiefmutter musste 1999 den Laden an der Hirschstraße schließen – die Konkurrenz aus Asien war zu groß. In den besten Zeiten – als man noch in Stuttgart mit Regen Geld verdiente – konnte Hugendubel, die drittgrößte Schirmfabrik in Deutschland mit 150 Mitarbeitern auf vier Etagen an der Hirschstraße, weltweit exportieren. Eigentlich müsste Regine Hugendubel ihre Familiengeschichte aufschreiben. Es würde bestimmt ein Bestseller beim Hugendubel werden.

Auch zur Buchkette aus München bestehen verwandtschaftliche Beziehungen. Aber lassen wir es die Eventmanagerin selbst erklären: »Der Bruder meines Urgroßvaters, in Stuttgart geboren, hatte nach seiner Lehre in Stuttgart die Buchhandlung in München gegründet. Meine Tante Anneliese Hugendubel und mein Vetter Heinrich haben das Unternehmen ausgebaut.« War das gar die Tante mit den raren Reizen? Regine Hugendubel winkt ab: »Jede Ähnlichkeit mit toten oder lebenden Personen ist nicht beabsichtigt und wäre rein zufällig.«

Hustenanfälle werden jedenfalls wahrscheinlicher, wenn man bei Regen ohne Schirm unterwegs ist. Notorische Schirmvergesser greifen gern auf Werbeschirme zurück, die man geschenkt bekommt. Die sind made in Fernost. In Europa gefertigte Meisterware kostet mindestens 100 Euro pro Exemplar. Und dann lässt man das Ding in der Stadtbahn liegen! Man wird ja nicht mehr gewarnt – die legendären Schilder gibt es an den SSB-Wagen seit 1999 nicht mehr. Ein asiatischer Herstellername in unseren Breiten hätte bestimmt auch nicht so einen klangvollen Namen wie Hugendubel. Vergiss nicht deinen Wang-Zhan-Li – wir würden uns einen Knoten in den Mund schwätzen.

Der schöne Name Hugendubel hallt noch lange nach. Die Älteren unter uns Stuttgartern werden ihn nicht aus dem Gedächtnis verlieren. Vergiss nicht deinen … Viele haben Stunden, ja Wochen und Monate in der Strambe verbracht. Solange wir die eigenen Erinnerungen nicht vergessen, besteht noch Hoffnung.

Regine Hugendubel

Dagmar

Wenn man heute die Jugend nach Hugendubel fragt, denken alle an Bücher …

Gotthilf Lutz

DUNKLE ORTE

www.stuttgart-altstadt.de
0711 - 248 60 997

Tief runtergekommen

Das Marktplatz-Hotel im Untergrund: My home is my Bunker

Privatarchiv

So schlief man im Bunkerhotel unterm Marktplatz.

In diesem Hotel ging so manche Nachttischlampe niemals aus. Ein Bunker kennt keine Fenster. Nicht jeder Gast fühlt sich wohl, wenn er in einem engen Raum liegt und es stockduster ist. Fernsehgeräte zur Ablenkung waren damals in Hotelzimmern noch lange kein Standard. »Viele ließen das Licht beim Schlafen die ganze Nacht an«, erinnert sich Dieter Haur, der letzte Portier des im Oktober 1985 geschlossenen Bunkerhotels beim Rathaus. Einmal im Jahr wird das unterirdische Bauwerk bei der Langen Nacht der Museen geöffnet – die Schlangen reichen stets über den gesamten Marktplatz, der unter sich ein Geheimnis versteckt. Die Faszination ist groß, wenn es um das Verborgene geht, um die unbekannte Finsternis. Wie Gefängniszellen wirken heute die Hotelzimmer.

30 Stufen führen in die Tiefe hinab, zu einem langen, engen Flur. Heute wellen sich hier Tapeten mit Blümchenmuster und erinnern daran, dass nach dem Krieg die Ansprüche zwar nicht groß waren, aber man es trotzdem gemütlich haben wollte. Für Menschen mit Platzangst war diese Herberge, die nach dem Krieg im zerstörten Stuttgart das erste Hotel der Stadt war, der pure Stress. Einmal sei eine ältere Frau schreiend aus ihrem zwei auf drei Meter großen Einzelzimmer gerannt. »Wir haben sie dann in einem Zimmer mit Doppelbett untergebracht«, berichtet Haur, »das war doppelt so groß.« Auch wenn die Fenster fehlten, sei die Luft hier unten nicht schlecht gewesen, sagt Haur: »Die Lüftung hat bei uns immer gut funktioniert.«

S. 74/75 Die Leonhardstraße in der Stuttgarter Altstadt, genannt Städtle.

Gudrun

Letztes Jahr hab ich die Zimmer im Bunkerhotel »besichtigt«, ist schon ziemlich trist da unten. Hotel mit Wohlfühlcharakter? Wohl eher nicht.

Gang unterm Marktplatz heute.

Die zu Hotelzimmern umgebauten Schutzräume aus dem Zweiten Weltkrieg bildeten in Stuttgart das am längsten geführte Bunkerhotel Deutschlands. 100 Betten gab es hier. »Zuletzt hat die Stadt 40 Prozent der Zimmer belegt«, sagt Haur, »damit war die Nachfrage so groß, dass wir fast immer zu 90 Prozent ausgebucht waren.« Lange bevor die geplante Tieferlegung eines Bahnhofs die Stadt geteilt hat, war die Tieferlegung eines Hotels bei prominenten Gästen der Stadt beliebt. Der 1978 verstorbene Kabarettist Werner Finck, der 1948 die Kleinkunstbühne Mausefalle an der Tübinger Straße gegründet hatte, schrieb folgenden sinnigen Spruch ins Gästebuch: »Tief runtergekommen und doch auf der Höhe: das Bunkerhotel in Stuttgart.« Auch der Fußballspieler Karl Barufka, der Dirigent Otto Winkler und der Schauspieler Albrecht Schoenhals stiegen hier ab, also 30 Stufen hinab, um genau zu sein. Eine Absteige war's trotzdem nicht.

30 Mark das Doppelzimmer

Die Notizen im Gästebuch sind Notizen der Zeitgeschichte. »Das erste Mal freiwillig im Bunkerhotel«, schrieb ein Gast, der die ursprüngliche Funktion des unterirdischen Bauwerks nicht vergessen hatte. In

Matthias

Sieht eher aus wie ein Gefängnis – wir können das heute nicht mehr verstehen. Nach dem Krieg waren die Leute auch nicht so anspruchsvoll wie wir. Ein Bett genügte.

Einmal im Jahr wird das Bunkerhotel bei der Langen Nacht der Museen geöffnet.

dem 1940 erbauten Tiefbunker fand die Bevölkerung Zuflucht beim Bombenalarm. Auf einer Grundfläche von fast 2000 Quadratmetern war Platz für 1080 Menschen – oft kamen aber fast dreimal so viel. Nach dem Krieg baute sich die Gastronomenfamilie Zeller mit diesem Hotel eine neue Existenz auf, nachdem ihre Gaststätte 1944 bei einem Bombenangriff zerstört worden war.

Die Zellers machten sich viele Freunde. Oberbürgermeister Arnulf Klett soll häufig gekommen sein, um sich im Frühstücksraum mit Künstlern zu treffen. Das hatte was. Als dunkle Gestalten der Nacht stiegen sie danach aus dem Untergrund empor. Als kämen sie von einer geheimen Verschwörung. Paris hat seine Katakomben, endlose Gänge, deren Betreten eigentlich verboten ist. Stuttgart hat seine Bunkerflure. Es macht Spaß, verlassene Orte zu erkunden, die ein Hauch von Mysterium umweht. Zum Wohlfühlen, schrieb in den 1970ern ein Fan ins Gästebuch des unterirdischen Marktplatz-Hotels, brauche man kein Schloss: »My home is my Bunker.« Rund um die Uhr war das Bunkerhotel besetzt, wie sich Portier Dieter Haur, ein gelernter Automechaniker, erinnert. »Wir hatten drei Schichten, von 6 bis 14, von 14 bis 22 und von 22 bis 6 Uhr.« Meist kamen Geschäftsleute, manchmal auch Touristen. »Wir

Ingrid Blaschke Fugate

Nach dem Krieg waren viele froh so ein Zimmer zu haben. Viele Leute schliefen in den Ruinen, alles war ausgebombt. Ich hoffe, dass die, die sich darüber lustig machen, nie in eine Lage kommen, in der sie so etwas brauchen.

Joachim Klett

Konnte man da schlafen? Wenn man Platzangst hatte, bestimmt nicht.

Kein Hotelzimmer für Menschen mit Platzangst.

hatten etliche Amerikaner.« Die Preise waren günstig: Zwölf Mark kostete das Einzelzimmer, 30 Mark das Doppelzimmer. Die vergleichsweise niedrigen Preise sorgten dafür, dass Damen der Nachbarschaft öfter mit Kundschaft stundenweise vorbeischauten. Auf dem heutigen Gelände des Schwabenzentrums befanden sich bis zum Abriss in den 1970er-Jahren die Bretterbuden eines Amüsierviertels, das unter dem einprägsamen Namen »Vereinigte Hüttenwerke« in die Stadtgeschichte eingegangen ist. »Aber ein Stundenhotel waren wir nicht«, sagt Portier Haur. Probleme mit den Damen habe es nie gegeben.

Als sich in den 80ern der Konflikt zwischen den Westmächten und der Sowjetunion verschärfte, dachte man daran, das Hotel zu schließen und im Sinne seiner ursprünglichen Bedeutung zurückzubauen. Weitere Pläne folgten – ein Investor wollte etwa ein unterirdisches Ladenzentrum mit 14 Meter hohem Zugang bauen. Doch alle Pläne lehnte die Stadt ab: zu gefährlich, der Umbau zu teuer, unpassend für den Marktplatz! So steht das Bunkerhotel bis heute leer. Auf dem Marktplatz erinnern nur noch zwei Bodenplatten an das, was sich hier unter Tage tat. My Bunker is my castle? Schon wird die Forderung laut, die tiefen Flure für eine nächtliche Bar zu öffnen. Eine Theke für Kanalratten ist das einstige Hotel jetzt schon.

Spanner, Strip und Streiterei

Peep-Shows und vereinigte Hütten: Geschichten aus dem Unterleib der Stadt

Gerhard Goller

Thomas

Die Nesenbachstraße war damals noch viel länger, bevor das Schwabenzentrum gebaut worden ist. Fragt sich, ob die heutige Bebauung wirklich schöner ist als früher die provisorischen Buden. Das heute hat ja gar kein Flair mehr.

Peep-Show an der Eberhardstraße.

Moderne Technik eröffnet viele Wege, männliches Verlangen zu befriedigen. Ende der 1970er-Jahre waren Automaten mit Klappen der Renner. Für Betreiber kamen sie einer Gelddruckmaschine gleich. Bei der Stadtverwaltung in Stuttgart gingen in dieser Zeit pro Jahr etwa 40 Anträge auf Genehmigung einer Peep-Show ein – aber die Beamten ließen nur zwei Stripläden dieser Art gewähren. Die Frauenbewegung lief Sturm, und Männer bewegten sich in Massen zu Sehschlitzen, die sich in kleinen, ungemütlichen Kabinen befanden. »Bevor wir die Boa besuchten, sind wir da rein«, berichtet Lars im *Stuttgart-Album*, »wir gingen zu viert in eine Kabine und flogen raus.« Die Boa, den Dino unter den Discos, gibt es immer noch. Peep-Shows mit Live-Darbietung dagegen sind ausgestorben.

Der Blick durchs Schlüsselloch ist eine uralte Fantasie. »Wichsotheken« nannte man die 1976 aus den USA importierten Striptease-Stätten. Inzwischen bedient das Internet geheime Wünsche so ergiebig und schnell, dass keiner mehr für jenes »Minutenglück« aus dem Haus muss, von dem die Spider Murphy Gang einst sang. Sobald jemand eine Mark in den abschließ-

WISSENSWERT:

Brechend voll waren die Bars in den Vereinigten Hüttenwerken, wenn es freitags Lohntüten gab. Die Damen hatten Durst. Die Großzügigkeit dank guter Laune kam aber fast immer teurer als erwartet. Im Aushang standen nur Preise fürs Glas – die Flasche kostete ein Vermögen. Weil der Betrogene den häuslichen Frieden nicht gefährden wollte, verzichtete er meist auf den Prozess und zahlte.

Solche Männer werden im Milieu »Otto« genannt. Ein Otto gilt als Trottel, eine leichte Beute für Damen, die »Kuppe« machen, gute Freier-Kohle. Die kleinste Zahlungseinheit ist der »Heiermann«, ein Fünfer, er reicht für Zigaretten.

Die Sittenwächter hatten in den Vereinigten Hüttenwerken viel zu tun, weil sich kaum einer an die strengen Auflagen hielt. In den vom Varieté-Verband 1961 beschlossenen »Richtlinien für Tänzerinnen« hieß es: »Das Publikum darf nicht zum Öffnen der Reißverschlüsse aufgefordert werden.« Außerdem seien »laszive Gebärden zu unterlassen, die nur sinnliche Aufreizung bezwecken«. Die Rathauswächter schwärmten also aus, um allzu Sinnliches aufzuspüren. So entdeckten sie 1964 in der Bar Fledermaus eine Tänzerin, die mit sich und einer roten Wurst spielt – die ertappte Wurstliebhaberin durfte in dem Lokal nicht mal mehr als Bedienung arbeiten.

Gerhard Goller

baren und abwaschbaren Kabinen einwarf, öffnete sich der Guckkasten – meist für eine Minute, bei Hochbetrieb waren die Intervalle aber auch kürzer. Man blickte auf eine Drehscheibe, auf der sich nackte Tänzerinnen, oft Ex-Sekretärinnen, Hausfrauen und Rechtsanwaltsgehilfinnen, räkelten. Streng verboten war es, mit einer Frau in die Kabine zu gehen. Günther Ahrend hatte es trotzdem geschafft, eine Freundin einzuschleusen, wie er im *Stuttgart-Album* berichtet: »Sie entdeckte ein Markstück am Boden und wollte es aufheben. Glücklicherweise konnte ich sie noch rechtzeitig davon abbringen.« Sie hatte sich zuvor über Flecken an der Glasscheibe gewundert. Doch die stammten von Nasen, die man darauf plattgedrückt hatte. Ahrend kannte Peep-Shows bereits, als es noch keine Glasscheiben gab. »Anscheinend haben diverse Besucher Gegenstände wie Dildos in Richtung Drehscheibe geworfen und damit die Verglasung erreicht.«

Füttern verboten? Etwas von Zoo hatten die Peep-Shows, nur dass die Begafften die Gaffenden nicht sehen konnten. Stripperinnen, die dort arbeiteten, sagten, hier würden sie wenigstens nicht von Männern betatscht. Andere sahen die Würde der Frau

HERTIE

Gerhard Goller

Die Vereinigten Hüttenwerke in den 1970ern – auf dem Dach vom Breuninger-Markt befand sich noch das Mineralbad.

in Gefahr und zogen vor Gericht. 1982 befand das Bundesverwaltungsgericht in Berlin, dass die »Zurschaustellung nackter weiblicher Körper in dieser Form« gegen die »guten Sitten« verstoße. Zuvor hatten mehrere Instanzen nichts Verbotenes an Voyeur-Kabinen erkennen können. Die Frauen präsentierten sich ja freiwillig. Stuttgart widersetzte sich den Verboten länger als andere Großstädte. Der »Spiegel« meinte, den Grund zu kennen: »In Stuttgart kämpfen die Fremdenwerber gegen den Ruf an, in der Stadt gebe es überhaupt kein Nachtleben.« Zunächst müsse die Rechtslage geprüft werden, erklärte damals Gerhard Goller vom Amt für öffentliche Ordnung. Man setzte auf eine friedliche Einigung, um einen teuren Gerichtsstreit zu vermeiden. Die beiden Peep-Shows durften bis Ende des Pachtvertrags im Jahr 1983 weitermachen und erklärten sich im Gegenzug dazu bereit, nicht auf Fortbetrieb zu klagen.

Das Frauenforum überreichte Goller im Rathaus unter großer Beteiligung der Medien den »Spanner-Orden« und wurde von ihm mit Hefekranz empfangen. Von Amts wegen besuchte Goller regelmäßig Peep-Shows und konnte deshalb Fotos auch innen machen. Die Darbietungen fand er »erregend wie kalte Aufgüsse oder geistliche Gesänge«. Dennoch muss der Anblick nackter Frauen Wunder vollbracht haben. Unter den Gegenständen, die in den Kabinen vergessen wurden, waren Krücken. Wer konnte da plötzlich wieder gehen?

»Unser Protest war richtig«, sagt über drei Jahrzehnte später eine der Kämpferinnen gegen die Peep-Shows. Leider seien Porno-Video-Läden noch erlaubt. Auch die heutigen Oben-ohne-Demos von Feministinnen gefallen ihr nicht. Es gehe um die Würde der Frau. Goller sah auch die Würde der Männer in Gefahr. Die würden sich in Kabinen mit dem Charme eines Bahnhofspissoirs begeben, um dort, eingeschlossen wie ein Batteriehuhn, »ein symbolisches Eierlegen zu vollziehen«.

Wer wollte jetzt noch behaupten, Stuttgart sei die Hauptstadt der Prüden und sexuell Zukurzgekommenen? Gegen das Biederimage war bereits Arnulf Klett,

Nora Hartmann

Ich war mal in einer Peep-Show drin mit meiner Mutter. Die wollte mir das mal zeigen. Als wir dann in der Kabine entdeckt wurden, fand's die Bepeepte richtig doof und schnell ging unser Fensterchen wieder zu.

Raymond Judge

War auch mal in einer Peep-Show drin (Christophstraße) und hatte wirklich eine Mark investiert, nur um mal zu sehen, was da so passiert. Zu dieser Zeit war ich DJ in der Mausefalle und hatte wirklich keinen Mädelmangel, aber die Neugierde …

Marc

Mein Vater wollte mir nicht erklären, was ein Herrengedeck ist – gab's in jedem Laden in den Vereinigten Hüttenwerken. Wenn wir zu Breuninger gingen, mussten wir da durch.

Gerhard Goller

Vor den Gucklöchern rekelten sich die Frauen auf einer Drehbühne.

von 1945 bis 1974 Oberbürgermeister der Stadt, vorgegangen. Er hatte Journalisten zu Rundfahrten mit Stripbesichtigung eingeladen und ein bisschen große Welt gespielt. Es ging in eine Ansammlung von Bretterbuden. Die provisorischen Bauten, in der Ruinenwüste nach dem Krieg an der Nesenbachstraße schnell und umkompliziert wie bei einer Kirmes hochgezogen, sind als »Vereinigte Hüttenwerke« zum Begriff geworden. Kenner sagten einfach »Städtle« dazu.

»Manhattan Bar« oder »Casino de Paris« hießen die Amüsierlokale der ersten Stunde. »Als Kind durften wir nie in die Nesenbachstraße«, berichtet Matthias im *Stuttgart-Album*. Höchstens ein Drittel der Nesenbachstraße, in der sich einst die Verschläge befanden, ist geblieben, als das Schwabenzentrum entstand. Nur wenige Schritte vom Kaufhaus Breuninger entfernt befand sich das »Sündenbabel Stuttgarts«, wie damals in den Zeitungen zu lesen war. Eltern gaben sich Mühe, in möglichst großer Entfernung von Wellblech-City zu parken. Ihre Kinder sollten niemals die Fotos von barbusigen Damen in Plüsch sehen, die in den Schaukästen hingen.

Triebabfuhr in den 1970ern. Im Vergleich zu dem, was heute beim Surfen im Internet möglich ist, sind die alten Peep-Buden mit den großen Klappen nur eine bizarre Fußnote in der menschlichen Sexualkunde.

STADTLEGENDEN

WÜRTH
spectra
industrie-pc.de
spectra
fischer
EnBW
GAZI
GAZI
GAZI
GAZI
GAZI
GAZI
Für Fans aller Kurven.
Der neue Pan

Aus dem Buch »Rotraits« von Silvie Brucklacher-Gunzenhäußer

Michael

In den 80ern fuhr er einen Camaro und hatte immer einen Buko umhängen. Gern samstags um die Mittagszeit nach dem Flohmarkt im großen Möpi gesehen. Abends in der Boa.

Jürgen Gräber

Auch wenn Big Tom das nicht gern hört: Er ist ein äußerst liebenswerter Mensch, und ich bin froh, mit ihm befreundet zu sein.

Nackt und big

Ein Rock'n'Roller zieht blank: Big Tom Yardley

Wer Big Tom nur mit Hosen kennt, geht aus Clubs zu früh nach Haus. Bis nach Berlin hat es sich herumgesprochen, dass in der Heimat der Wutschwaben ein friedlich gesinnter Musiker zu später Stunde oft unbekleidet auf Barhockern anzutreffen ist. »Soll das heißen«, fragte ein Facebook-Freund, »dass man in einer biederen Stadt wie Stuttgart völlig nackt ausgehen kann?« Nein, soll es nicht, lieber Facebook-Freund. Denn nackt im Club – das kann und darf nur unser Tom.

Bei allen anderen würden wir das nicht dulden. Bei Big Tom Yardley, der gern ins Climax oder in die Boa geht, kommt keiner auf die Idee, Exhibitionismus zu vermuten und die Polizei zu alarmieren. Sexuelle Absichten unterstellt dem Musiker, Model und Kleindarsteller keiner. Wer ihn gerade noch mit Kleidern wahrgenommen hat, wird im nächsten Moment erkennen, wie er plötzlich nur noch Ketten trägt. Hemd und Hosen hat er hinter der Theke verstaut. Mit seinen nächtlichen Nacktausflügen ist er zur Stadtlegende geworden – inzwischen ist er so bekannt, dass er sogar als Werbefigur für das Frühlingsfest quer durch die Stadt plakatiert worden ist. Natürlich stand der »irgendwann in den 1950ern« südlich von London (also in der Sankt-Anna-Klinik in Bad Cannstatt) geborene Leadgitarrist der Beat-Ära auf den Werbewänden in Adams Kostüm an den Straßenrändern. In der Hand hielt er das Magnumprodukt eines traditionellen Champagnerhauses. Es war die falsche Flasche.

S. 86/87 Die Mercedes-Benz Arena.

Roge R Keh L

In Frankfurt-Sachsenhausen lief auch einer immer nackt rum. Jede Stadt hat wohl so einen coolen Vogel.

Big Tom wirbt als »Stadtlegende« fürs Frühlingsfest.

Die Franzosen fanden das Foto gar nicht lustig und verfügten, dass alle Plakatflächen umgehend überklebt werden mussten. Beim zweiten Anlauf reichten die Fotografen Big Tom die Big Bottle einer »Hausmarke« in der Funktion eines Feigenblatts.

Nightlifelegende

Wie ist das, wenn man so groß über sich liest, man sei eine Legende? Als »Nightlifelegende« wurde er in der Werbekampagne für den Wasenrummel vorgestellt. »Ach«, sagt Yardley, »ich hab's nicht beabsichtigt, so ist das eben, das hat sich so ergeben.« Beim Älterwerden härtet man ab und wundert sich über nichts mehr. Oft, berichtet er, wird er in den Clubs »dumm angemacht«. Nicht alle fänden sein Auftreten cool. Auf seiner Homepage hat er folgenden Spruch, angeblich eine »altschwäbische Bauernregel«, notiert: »Mit jedem Tag des Lebens steigt zwangsläufig die Zahl derer, die mich am Arsch lecken können.« Warum er seit Jahrzehnten den selbigen vielen zeigt, hat nur einen Grund. »In den Clubs«, sagt er, »ist es immer so heiß. Wären dort die Klimaanlagen besser, hätte ich mich niemals ausgezogen.«

Brauchen wir mehr frische Luft in den Clubs? Ebenso erfrischend sind Menschen, die ein klein wenig anders ticken.

Jonger, des hot Oier!

Den Begriff Schwabenrocker mochte er nicht: Wolle Kriwanek

Irmgard Kriwanek

Cornelia Bäckmann

Only the good die young. Ich lebe noch immer von seinen Konzerten und Auftritten. RIP., Wolle …

In Stammheim, wo er aufgewachsen ist, gibt es seit Mai 2009 die Wolle-Kriwanek-Straße. Als das Straßenschild feierlich enthüllt wurde, sagte sein Freund Paul Vincent, der langjährige Gitarrist der Kriwanek-Band: »Solange Wolles Lieder gesungen werden, ist das Schwabenland noch nicht verloren.«

So gesehen müssen wir uns keine Sorgen um Schwabylon machen. »Ufo«, »Stroßeboa«, »Regg i di uf?«, die VfB-Hymne »Stuttgart kommt« und all die anderen Hits des an Ostern 2003 mit 53 Jahren gestorbenen Rockmusikers werden noch heute gern gespielt und zählen zum Repertoire schwäbischer Chöre. Zum zehnten Todestag bat das Silchermuseum in Weinstadt-Schnait im Jahr 2013 zu einer Gedenkausstellung. Die Leihgaben stammten von Irmgard »Irme« Kriwanek, der Witwe des legendären Sängers. Als sie die alten Plakate, Schallplatten, Gitarren, Zeitungsartikel nach so langer Zeit mal wieder in die Hand nahm, war das nicht leicht für sie. »Ich dachte, mir würde das nicht mehr so nahegehen«, sagt sie. Doch ihr Wolle war ein Mann, der naheging. »Er war gradlinig, ehrlich, witzig«, sagt Bandleader Berti Kiolbassa, ein Weggefährte, »man konnte sich auf ihn immer hundertfünfzigprozentig verlassen und tolle Feste mit ihm feiern.« Zusammen haben sie die Mercedes-Hymne »Silver Arrow« geschrieben. Als Wolle starb, sollte Kiolbassa beim Formel-1-Rennen in Imola spielen. »Wir konnten es nicht glauben, er war doch immer gesund«, erinnert er sich, »wir standen unter Schock.«

Wolle hatte doch noch so viel vor. Ein Jahr vor seinem Tod schrieb er den Text für das Musical »Der Zwölftonkavalier«, engagierte sich für die Rockstiftung Baden-Württemberg, war leidenschaftlicher Lehrer und Kolumnist von »Sonntag Aktuell«. Wenn er von etwas begeistert war, sagte er: »Jonger, des hot Oier!«

Schöne Erinnerungen schweben über den Wunden der Seele. Irme Kriwanek denkt gern daran zurück, wie sie 1980 Wolle kennen gelernt hat. Er spielte in einer Backnanger Disco. So viel hatte sie schon von ihm gehört, er war ganz oben auf dem schwäbischen Gipfel – endlich wollte sie auch mal den Mann live hören, über den alle sprachen. Nach dem Konzert kaufte sie eine seiner Platten am Tisch seines Managers.

Irmgard Kriwanek

Wolle Kriwanek an seinem 50. Geburtstag mit Ehefrau Irmgard.

Thomas Braun

Bloß dr Fünfer bringt mi hoim! Scheiße, wie oft hab i da renna müssa! Ja, Wolfgang, werd au die schönen Zeiten bei den Pfadis mit dir gemeinsam am Lagerfeuer in Mönsheim nie vergessen! Im Herzen wirst immer bei mir sein! Dir geht's jetzt hoffentlich besser!

Basso Lordi

Ein sehr guter Musiker, unser Wolle!

Schon kreiste der auf der Bühne so forsche Kriwanek schüchtern um sie herum. Er hatte ein Auge auf sie geworfen. Es dauerte, bis er sich traute, sie anzusprechen. Sie tauschten Telefonnummern aus. Nach zwei Wochen rief er an und dachte, die schöne junge Frau würde noch bei ihren Eltern wohnen. »Kann ich Ihre Tochter sprechen?«, fragte er. Sie war selbst dran.

Es begann eine Liebe, die weit über seinen plötzlichen Tod im Jahr 2003 hinausgehen sollte. Worüber sich Irme noch heute amüsiert: »Bereits bei unserem dritten Treffen brachte er seine Eltern mit.« Sie waren einverstanden. Jonger, die kannst nehma!

Der Tod kam ohne Vorwarnung. Er hatte noch sein Lied »Halbzeit« geschrieben und gesungen: »Klar, wir sind noch jung / und nicht bloß in der Erinnerung – / und doch ist unsere Halbzeit schon vorbei.« Ein Aneurysma pfiff sein Spiel zur Halbzeit ab. Kann das nicht jeden von uns treffen? Wissen wir, was in uns schlummert? »Wolles Tod lehrt uns, intensiv zu leben«, sagt sein Freund Berti Kiolbassa, »man darf nichts auf die lange Bank schieben.« Benny Kriwanek, der 1982 geborene Sohn des Musikers, der in der Kommunikationsabteilung des Mercedes-Museums arbeitet, fand es »unglaublich«, dass es zum Todestag seines Vaters so viel Resonanz gab. »Wolle war viel mehr als nur Musiker«, sagte er, »dass er zehn Jahre nach seinem Tod noch so präsent ist, ist nicht selbstverständlich, aber macht auch etwas stolz.«

Viel mehr als nur Musiker

Wolle Kriwanek, ist oft zu lesen, habe den Schwabenrock erfunden. Der Begriff »Schwabenrocker« gefiel ihm selbst nicht. Er war ein Musiker, der den Blues in sich hatte und dabei zufällig schwäbisch sang, weil er sich halt nie verstellte. Aus dem Bauch heraus hat er die Welt gefühlt und erklärt. »Wolle gehört zu den Schwaben wie der Fernsehturm und wie Spätzle mit Soß«, schrieb Ihasan im *Stuttgart-Album*. Und Nicole Wild ließ wissen: »Ich habe eine CD vom ihm. Mein Sohn spielt sie oft und hört mit. Er ist 15.« Der Fan-Nachwuchs ist gesichert. Wolle kann sich also freuen. Bestimmt wird er im Himmel mit großen Kollegen jammen. Es sind so viele Rockstars zu früh gegangen. Aber ihre Songs bleiben. Wolles Lieder sind Volkslieder geworden. Kann es eine bessere Auszeichnung geben?

Tonio
Ein einziger Hit macht halt auch nicht glücklich.

Büro Peter Schilling

Das Erfolgsalbum von 1983.

Das Rau-haum-schiff!

Stuttgarts erster Popstar: Peter Schilling

Erst schwebte er völlig losgelöst ganz nach oben, dann ist er völlig abgestürzt. Peter Schilling, lange vor den Fantastischen Vier und Cro Stuttgarts erster Popstar, hat erlebt, wie schmerzhaft ein Ohrwurm sein kann. Unzählige Male hat er vom »Rau-haum-schiff« gesungen, seinen Welthit von 1983, bis er zusammenbrach.

Seine »Halbplayback-Jobs«, wie er sie nennt, führten ihn in Kurparks, zwischen Einkaufswagen und Coffeeshops. Seine große Liebe zur Musik, so sagt er selbst, blieb beim Tingeln und Tangeln auf der Strecke: »Mir war entsetzlich schlecht, ich schämte mich vor mir selbst.« Er konnte nicht mehr. Dazu brachen Wunden seiner Kindheit auf. Der einst strahlende Plattenmillionär, der den größten Hit seines Lebens in der Spitzenzeit 85 000-mal am Tag verkauft hatte, verlor den letzten Rest seines Selbstwerts. 1989 wog der 1,74 Meter große Mann nur noch 54 Kilogramm. Zitternd saß er vor dem Mischpult, wachte nachts schweißgebadet auf und hatte einen Erstickungsanfall. »Ich bekam keine Luft mehr und geriet in Panik«, erinnert er sich. Von einem »Trancezustand« auf dem Gipfel des Ruhms war er in ein »Gefühl der inneren Leere und Einsamkeit« abgestürzt.

Es war auch seit seiner Kindheit viel zusammengekommen. Seinen Vater kannte er nicht, als Kind erlebte er in Stuttgart den Selbstmordversuch seiner Mutter mit, bei seiner überforderten, aber liebenden Großmutter in der Schwabstraße ist er aufgewachsen und nahm Drogen. Dann der rasante Aufstieg und der tiefe Sturz. Als noch keiner den Begriff Burnout kannte, hatte Peter Schilling einen. »Das ist keine Grippe«, sagt er, »das ist lebensbedrohend.« Jetzt will er vielen Menschen Mut machen und ist als Autor eines psychologischen Ratgebers unterwegs. Seine zentrale Botschaft: Der Mensch muss seinen Selbstwert kennen, zu ihm finden und darf ihn niemals opfern.

Ein Popstar a. D. und sein spätes Glück. Der Spaß am Leben ist zurückgekehrt. Seine Warnung: Wer den Sinn einer ersten Krise nicht verstanden hat, wird mit einer weiteren bestraft.

Büro Peter Schilling

Ufuk Akci

Er hat damals in Stuttgart-Gaisburg gewohnt und fuhr eine S-Klasse.

Peter Schilling heute – und einst im Stuttgarter Wald.

Ginne und die Glatzen

Bleibt sich immer treu: das Mineralbad Berg

1961 im Mineralbad Berg.

Sonnen auf Brettern – auch früher schon.

Drei junge Badebesucher sonnen sich auf Holz. Hart und doch bequem – so ist das in all den Jahrzehnten geblieben. Die erhöhte Lage erlaubt einen Blick aufs Becken, in dem sich schon immer besondere Szenen abgespielt haben, ob 1961, als das Foto der drei Glatzköpfe im Mineralbad Berg entstanden ist, oder heute. Nur wenige Orte der Stadt haben sich so wenig verändert wie diese Oase der kühlen Quellen.

Dem jungen Mann in der Bildmitte sind schon in jungen Jahren die Haare ausgefallen. Seinen Freunden bot er 500 Mark, wenn sie sich solidarisch glatt rasieren. Günther »Ginne« Schach, auf dem Foto links, hatte sich schon mehr anstrengen müssen, um Geld zu verdienen. Er war also dabei. Noch heute lässt er sich regelmäßig auf den Holzliegen nieder – Ginne ist ein »Bergianer«, wie man sagt. Er ist also einer von denen, die so eigen sind wie das kalte Mineralwasser.

»Früher war das Schwimmbecken größer«, sagt Ginne. Früher drehte am Beckenrand ein hagerer Herr mit nobler Erscheinung seine Runde, der – egal, wie heiß es war – stets ein weißes Hemd mit schwarzem Anzug trug. Es war Paul Blankenhorn, der 1905 geborene Hüter der Quellen. Bis zu seinem Tod im Jahr 1997

Dagmar Hoidn

Die blaue Badekappe hab ich noch zu Hause! Da herrschte noch Ordnung im Bad. Manchmal wünsche ich mir die Zeit von Blankenhorn zurück …

Thorsten Puttenat

Die Bademützenpflicht wurde ja mittlerweile abgeschafft, aber man tut dennoch gut daran, eine aufzuhaben. Zumindest dann, wenn man sich (wie mir zweimal passiert) von betagteren Damen nicht anhören möchte, dass man doch bitte sein langes Haar nicht hinter sich herschleifen solle.

Günther Schach

Ohne Bademütze durfte keiner ins Becken.

hatte der »alte Blankenhorn«, seit Kriegsende Besitzer des ältesten Freibads Stuttgarts, stets Wichtiges zu erledigen. Zwar durfte man Anfang der 1960er noch ohne Kopfbedeckung ins Wasser, woran sich Ginne erinnert, aber in den 1970ern wies der König vom Berg seine Schwimmmeister an, die Bademützenpflicht eisern zu überwachen, wofür diese von kraulenden Glatzköpfen fast gelyncht wurden.

Die Toleranz des Chefs ging so weit, dass er den weiblichen Besucherinnen oben ohne zum Bräunen gerade noch gewährte – aber auf dem Bauch mussten sie dabei ruhen! Das Personal hatte darauf zu achten, dass die korrekte Liegelage der nach unten abgedrehten Halb-nackt-Damen stets eingehalten wurde. Nur einmal, erzählt man sich, habe Paul Blankenhorn höchstpersönlich ein Hausverbot verhängt – bei einem Mann mit Tanga. So wenig Stoff ums Genital ging ihm dann doch zu weit. Manche der Badegäste konnten übrigens in der Badehose nicht nur eigene Körperteile unterbringen – sie führten stets einen Taschenkamm mit. Im Berg trafen sich halt Künstler, Zuhälter, die Gescheiten und Gescheiterten.

Der Kampf des alten Blankenhorn galt nicht nur mützenlosen Gesellen und zu knappen Badehöschen. Anfang der 1990er legte er sich medienwirksam mit der Bundesregierung an. Die neue Badewasserverordnung verlangte eine Chlorung in allen Bädern der Republik. Also auch im Bad Berg, in das täglich aus fünf Quellen fünf Millionen Liter kohlesäure- und eisenhaltiges Mineralwasser fließen. Damit erneuert sich das prickelnde Becken alle vier Stunden komplett. Wozu also muss Chlor her? Blankenhorn sammelte 5000 Unterschriften für das »beste Wasser der Welt«. Bonn, damals noch Regierungssitz, knickte ein. Im Mineralbad Berg durfte alles beim Alten bleiben. Und die, die damals jung waren, kommen wie der Ginne noch immer. Der Hang zum Schrägen hat überlebt – so wie das Holz zum Liegen.

Marilla

Noch hübscher als die Bademützen war die blaue Mülltütenbadekappe für 50 Pfennig. Lasst uns doch nächsten Sommer einfach alle wieder unsere Restexemplare aufsetzen!

Nostalgischer Charme: das Mineralbad Berg heute.

Manuel Kloker

WISSENSWERT:

Friedrich Neuner hat im Jahr 1856 das »Bad am königlichen Park« eröffnet, weshalb das Mineral-Bad Berg noch heute vor allem von älteren Besuchern »Neuner« genannt wird. Das Bad hatte von Anfang an ein gemauertes Schwimmbecken. Es ist deshalb das älteste bis heute existierende Schwimmbad in Stuttgart. Lange Zeit war es sogar das größte Mineralschwimmbecken in Deutschland. Aus fünf Quellen fließen täglich fünf Millionen Liter natürliches Mineralwasser in die vier großen Innen- und Außenbecken mit Wassertemperaturen von 22 Grad bis 34 Grad Celsius.

Susanne Kern

Der Stammplatz von Werner Toberer auf der Schulstraße.

Tes Helldriver

Ach ja, genau, und an so ein umgebautes Auto kann ich mich auch noch erinnern. Ich war um die zehn Jahre alt, als ich ihn das erste Mal sah und anstarrte. Ein Stuttgarter Original.

Uwe Flammer

Ich habe ihn auch noch erlebt. Er gehörte ganz einfach zu Stuttgart. Nie ohne Zigarette.

Der Kartenverkäufer von der Schulstraße

Wollte keine Almosen: Werner Toberer

Wer die alten Fotos von Werner Toberer aus den 1980er-Jahren betrachtet, könnte meinen, der Postkartenverkäufer von der Schulstraße habe nicht so viel Spaß mit der Welt gehabt. Meist grimmig schaut er drein. »Er war schon knorrig«, erinnert sich Michael Betz im *Stuttgart-Album*. Über 25 Jahre lang hatte der Pforzheimer Toberer, der ohne Beine und nur mit einem Arm geboren ist, auf der Schulstraße Ansichtskarten verkauft.

»Da stammt das eine oder andere Zehnerle auch von mir beziehungsweise meiner Mama«, schreibt Hubert Polzer, »immer wenn wir im Städtle waren, durfte ich was in seine Kasse werfen. Arg freundlich habe ich den Herrn nicht in Erinnerung, ich war eher etwas ängstlich.« Als ihm Kinder einmal ein paar Pfennige zuwarfen, sei er fuchsteufelswild geworden, berichtet eine andere Stadtzeugin: »Er wollte keine Almosen.«

Kinder, so erfahren wir, seien nicht seine besten Freunde gewesen. Wer weiß schon, wie die anderen Kinder Toberer in der Schule hänselten, was er alles erlebt hat auf der Straße. Weit über seinen 70. Geburtstag hinaus, den er im Jahr 1987 feierte, saß der Mann den lieben langen Tag auf seinem Kissen und bot Postkarten an. »Als Kind hatte ich Schiss vor ihm«, berichtet Dan im *Stuttgart-Album*. Die Erinnerungen bleiben. Das Foto ist eine Momentaufnahme zum Nachdenken. Gegensätze einer Stadt: Vorn auf dem Foto sitzt der Behinderte ohne Beine, dahinter steht die Dame in Pelz mit Tüten am Schaufenster.

STOLZER VFB

Ein legendärer Sieg. 1950 ist der VfB Stuttgart zum ersten Mal in der Vereinsgeschichte Deutscher Meister geworden. 2:1 gewannen die Roten gegen Kickers Offenbach und sicherten sich die Viktoria, wie die Meisterschale nach ihrer im Krieg verschollenen Vorgängerin benannt wurde. 90 000 Zuschauer jubelten bei den Toren von Erwin Läpple und Walter Bühler in der ersten Hälfte. Nach dem Anschlusstreffer von Offenbachs Horst Buhtz in der zweiten Halbzeit verteidigte das Team von VfB-Trainer Georg Wurzer die Führung bis zum Schluss. Etwa 300 000 Fans feierten die Mannschaft mit Kapitän Otto Schmid am darauffolgenden Tag in der Stuttgarter Innenstadt. Der rote Ring an der Brust gehörte schon damals zum VfB. Die Ausnahme im Jahr 1963 ist ebenfalls Legende. Im gelben Trikot, in der Farbe des Stuttgarter Stadtwappens, spielte die Mannschaft zum Auftakt der Bundesliga auf.

1. Bundesliga Fussballspiel im Stuttgarter Neckarstadion
VfB Stuttgart - Hertha BSC Berlin am 31. 8. 1963

v. l. Günter Sawitzki, Klaus Sieloff, Rudi Entenmann, Hans Arnold, Günter Seibold, Eberhard Pfisterer, Hans Eisele, Manfred Reiner, Gerhard Wanner, Erwin Waldner, Rolf Geiger

Die Vergangenheit ist nie vorbei

Wo Mythen geboren werden: das Café Weiß

Bernhard Weiß

Alois Weiß, der Gründer des Cafés Weiß

Solange Ryf Damette

Freue mich, habe zehn Jahr im Osten bei Heinz gewohnt. 1980 hab ich meinen Mann im Café Weiß kennen gelernt.

Die Schneiderei von Alois Weiß wurde zu einem der ersten Schwulentreffs in Stuttgart.

Es gibt nur wenige Orte der Stadt, an denen Gegenwart und Vergangenheit so eng miteinander verschmelzen. Mit dem Blümchenmuster auf samtigen Tapeten, der Musikbox an der Wand und einem Kronleuchter, der Pufflicht im Raum schummrig verteilt, bleibt das Café Weiß seinem Ursprung treu. Schon immer war das Lokal beim Hans-im-Glück-Brunnen der Gegenentwurf zum Zeitgeist, es war der Ort, an dem Mythen entstehen. Hier war die Heimat von Halbwelt und Halbhöhe. Hier haben sich Schwule heimlich getroffen, als Männerliebe noch von Staatsanwälten verfolgt worden ist. Unvergipst erinnert ein Einschussloch in der Wand an längst vergangene Ganoven- und Rotlicht-Tage. Auch wenn heute alles nicht mehr so spannend und gefährlich ist, hängt in diesen nahezu unveränderten Räumen der Duft des alten Stuttgarts.

Das Café Weiß heute.

Gerhard

Als junge Kerle sind wir da rein und haben andere junge Kerle gesehen. Wir haben uns überlegt, sind die auch schwul? Und die haben das Gleiche über uns gedacht.

Bernhard Weiß

Das Café Weiß beim Hans-im-Glück-Brunnen in den 1970ern.

Bernhard Weiß

Treffpunkt von Balletttänzern: das Café Weiß an der Nesenbachstraße.

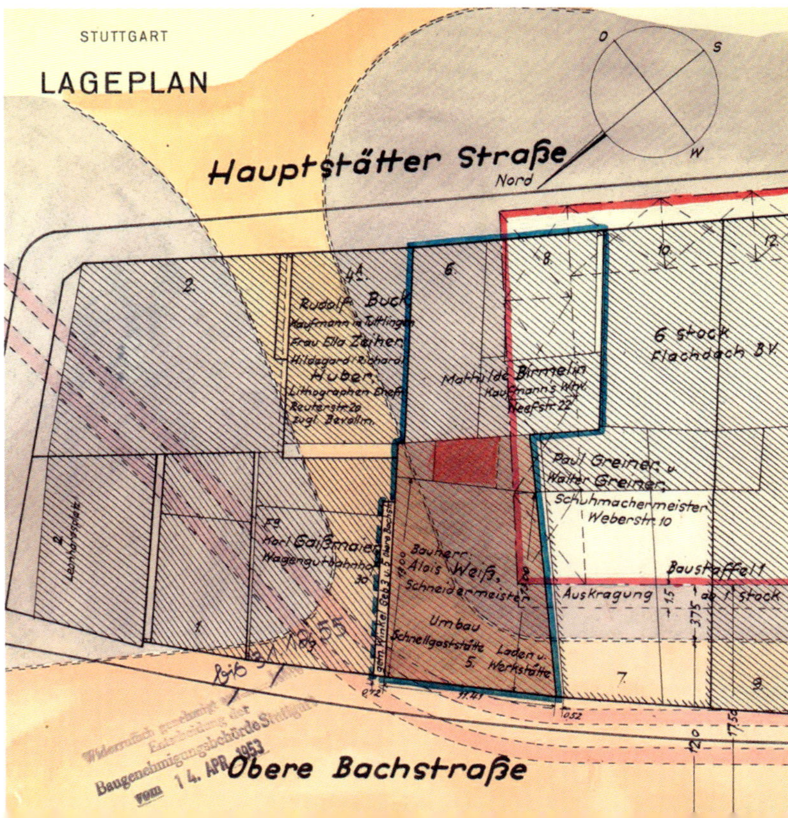

Bernhard Weiß

Lageplan aus dem Baugesuch, als Alois Weiß 1953 seine Schneiderei in einen Schnellimbiss umbaute.

Die Zeit hat keine Macht über dieses legendäre Café, nur über die Menschen. Der erste Chef Alois Weiß ist 1977 mit 67 gestorben, der zweite Chef Heinz Weiß 2010 mit 74. »Dieses Café hat in Stuttgart eine so wichtige Rolle gespielt«, sagt Gerhard Goller, der über mehrere Jahrzehnte die Gaststättenbehörde im Rathaus geleitet hat, »dass man es zum Weltkulturerbe erklären müsste.«

Das Stadtmuseum hatte im Frühjahr 2013 Interesse am Inventar bekundet, als es hieß, das Weiß schließe für immer. Wirt Ranko, der nach dem Tod von Heinz Weiß die Geschäfte mit reichlich Wodka und Schokolade weitergeführt hatte, zog sich nach 40 Berufsjahren in den Ruhestand zurück. In der Stadt war die Aufregung groß: Verschwindet schon wieder ein historischer Ort? Kommt da ein Schicki-Micki-Laden rein?

Bernhard Weiß, der 1962 geborene Sohn aus erster Ehe von Heinz Weiß, hält den Zusammenhalt der Familie hoch. »Für mich ist es eine Frage der Ehre, dass es im Sinne von meinem Vater und Großvater weitergeht«, sagt er. Im Sinne seines Vaters war es, dass Bernhard Weiß, der beim Softwarehersteller SAP

Gudrun

Ich kenn noch das alte Weiß an der Nesenbachstraße beim Breuninger. Da waren viele Balletttänzer häufig zu Besuch. Ich habe dort John Cranko kennen gelernt. Er hatte immer schöne junge Männer an seiner Seite. Jeder wusste, dass sich dort Schwule trafen. Das war eine andere Zeit. Da waren viele von der Versicherung, von großen Kaufhäusern, Ärzte und so weiter, die ihre Homosexualität im Beruf verbergen mussten. Ich habe mich mit den Schwulen immer gut verstanden und bin auch mal als Begleiterin mit, wenn die zu Firmenfesten oder so mussten.

Wo Erstes Kulmbacher draufsteht, ist das Café Weiß drin.

in Walldorf arbeitet, niemals selbst in der Gastronomie tätig wird. »Wenn du das machst«, soll der Vater gesagt haben, »hau ich dir die Haxen weg!« Mit acht Jahren zog der Junior nach der Scheidung seiner Eltern mit der Mutter in die USA und hieß nun »Bernie«. In den Sommerferien durfte er mit dem Ticket um den Hals ganz allein nach Stuttgart fliegen. Der Vater nahm ihn zu VfB-Spielen mit und stellte ihn auf der Haupttribüne stolz vor: »Des ist mei Bua aus Amerika.« Als Gast für einige Wochen lernte der Bernie die Welt seines Vaters und Großvaters kennen. Es war nicht unbedingt eine heile Welt, aber eine behagliche, in der die Menschen ein großes Herz hatten und tolerant waren, in der die Hure neben dem Theaterintendanten saß und der Anwalt beim Zuhälter.

Großvater Weiß war ein nobler Herr, meist vornehm gekleidet und mit guten Manieren. Auf alten Fotos sieht er ein bisschen aus wie ein Schauspieler aus Hollywood. Sein Beruf: Schneidermeister. An der Oberen Bachstraße (die heute vom Schwabenzentrum überbaut ist) führte er eine Schneiderei, aus der 1953 mit amtlicher Genehmigung ein Schnellimbiss wurde. Die Schneiderei war nicht allein berühmt für gute Stoffe und Schnitte, wie die vom Zentrum Weißenburg und dem Stadtarchiv erarbeitete Ausstellung »Homosexuellenverfolgung in Stuttgart« nachweist. Es war die Zeit, als Toleranz chancenlos schien und viele Schwule mit Frauen verheiratet waren. Das Geschäft von Alois Weiß sei unter der Woche »eine ganz brave Schneiderei« gewesen, erinnern sich zwei Zeitzeugen, die Rentner Reiner P. und Johann W., »aber am Wochenende gab es dort Tanz für Homosexuelle«. Hinter der Schneiderei befanden sich Räume, in die sich die Männer unbeobachtet zurückziehen konnten. »Es war völlig harmlos, nur Tanz und Musik.« Kam die Polizei, konnten die Tänzer im Hinterzimmer gewarnt werden. Die Musik wurde sofort abgestellt.

Alois Weiß zog erst in die Bachstelze an der Nesenbachstraße um und 1961 in die Kulmbacher Bierstuben an der Geißstraße, aus der das bis heute plüschig konservierte Café Weiß geworden ist. Dank Verhandlungsgeschick gab es eine der damals noch raren Sperrzeitverkürzungen. Man erzählt sich, dass Weiß wie auch die findigen Chefs der Nachtclubs der Vereinigten Hüttenwerke den damaligen Leiter des Ordnungsamtes diskret auf dessen dunkle Vergangenheit als SS-Mann in besetzten Gebieten hingewiesen haben, weshalb es mit der Sperrzeitverkürzung problemlos klappte.

Schneidermeister Alois Weiß war bis zu seinem Tod im Jahr 1977 die Seele des Betriebs – immer freundlich, fuchtig nur, wenn Gäste Stress machten. Die Fäden in der Hand hatte sein Partner, zu dem alle »Herr Willy« sagten, ein Kaufmann, Erfinder und Hobbykünstler. Die Bar machte an sechs von sieben Tagen »dr Jong«, also Heinz. An seinem freien Dienstag stand der »Herr Willy«, getönte Brillengläser, Anzug und Krawatte, hinterm Tresen.

Ein Stammgast der 1970er-Jahre erinnert sich: »Einmal hab ich Alois völlig aufgelöst erlebt. Müsste Silvester 1971 gewesen sein. Da saß am ersten Tisch rechts vom Eingang (vis-à-vis von der Bar) eine Clique Trödler, an der Stirnseite ein Flohmarktbeschicker mit Spitznamen Quax, der dauernd mit einer kleinen Knarre herumhantierte, die ich von der Bar aus für eine Spielzeugpistole hielt. Die Typen waren alkoholmäßig gut drauf und ziemlich laut, weshalb sie Alois mehrmals zur Ordnung rief. Da Quax die Knarre immer nur gegen sich selbst richtete, regte das keinen weiters auf. Und als er den Lauf in den Mund nahm, sagte einer nur beiläufig ›Feigling‹. Auch den Knall, der gedämpft ausfiel, da der Schütze ja den Lauf im Mund hatte, nahm niemand ernst. Und als Quax' Kopf nach vorn auf die Tischplatte sank, sagte einer: ›Quax, mach kein' Scheiß.‹ Erst als Blut austrat, kam Unruhe auf. Als sie den Oberkörper aufrichten wollten, war klar, dass das kein Spaß war. Einer rief nach dem Notarzt. Alois war außer sich, machte der Runde Vorwürfe und stellte sich vor den Ausgang. Heinz gab die Order ›Schließ ab‹ und zu der Runde: ›Keiner steht auf!‹ Noch vor dem Notarzt kamen zwei Mann von der Kripo, später zwei weitere. Einer ließ sich den Hergang schildern, inspizierte das Loch in der roten Tapete hinter dem Platz von Quax und pulte dann seelenruhig mit Schraubenzieher und Pinzette in dem Loch, in dem sich tatsächlich die Kugel fand, die er in einem Plastiktütle verstaute. Alois war außer sich, sank auf einen Stuhl, raufte sich die schütteren weißen Haare und rief nach einem Glas Wasser. ›Und das an Silvester …‹ Heinz bilanzierte ungerührt: ›Schmier' im Laden verdirbt das Geschäft.‹ Erst nach Mitternacht gab die Kripo die Türe frei. So aufregend war es nie wieder im Café Weiß, in dem Heinz für Ordnung sorgte: ›Wenn einer hier brüllt, bin ich's!‹ Die Knarre in der Geldschublade hat er meines Wissens nur mal zum Spaß in die Hand genommen.«

Im Café Weiß trafen sich weiterhin Schwule – doch auch Damen fanden sich nun ein. Der menschenverachtende Paragraf 175, der bis 1994 existierte und sexuelle Handlungen zwischen Personen männlichen Geschlechts unter Strafe stellte, verlangte Raffinesse. Chef Weiß holte Prostituierte ins Haus. So konnte man der Ordnungsmacht keinen Vorwand liefern, um einzuschreiten. Nach Streichung dieses Paragrafen wurde das Lokal immer mehr zum kulturellen Treff. Alle waren da. Der Buchhändler Wendelin Niedlich, sogar Willy Brandt sowie die italienischen WM-Helden von 1974. Die Prominenz ihres Freiers, des Torwarts Dino Zoff, soll einer Dame so sehr die Sinne vernebelt haben, dass sie vergaß, ihre Gage zu kassieren. Dann habe sie sich bei ihm beschwert – dieses Zitat erzählt man sich heute noch gern: »Dass du da Verstand zwischa de Füeß hosch, han e jo g'wisst. Aber dass dees so wenig isch, hätt e ned denkt.«

Diese schönen Geschichten vom Café sollen nicht enden. Nach der Sanierung im Mai 2013 bleibt das Café Weiß ein lebendiges Museum. Das schräge Ambiente wirkt anziehend auf die Jungen. Sie verleihen dem Weiß die höchste Auszeichnung und nennen es »Kult«. So treffen sich Greenhörner und Grufties in verrauchten Räumen zum gemeinsamen Abstürzen. Beim Anblick der betagten Nachtgestalten spürt man die Vergänglichkeit. Ein wenig traurig macht dies. Doch die Vergänglichkeit ist hier gut drauf und trinkt ein Bier mit dir.

Warum hast du denn so dicke Lippen?

Wunder kommen zu denen, die an sie glauben: Harald Glööckler

Top-Magazin

Andy Werner

Wow, es gab also Zeiten, in denen Harald Glööckler menschlich aussah. Schlimm, wie sehr sich jemand im OP-Wahn verschandeln lassen kann.

René Hauf

Vor Pompöös hieß sein Laden an der Eberhardstraße Jeans Garden, er guckte immer in die Umkleidekabine rein, wenn du die Hose nicht mal anhattest.

Harald Glööckler (rechts) und Dieter Schroth in ihren Stuttgarter Jahren vor dem Umzug nach Berlin.

Was soll man jemandem raten, der als Träumer gilt und nur auf Widerstände stößt, dem finanziell das Wasser bis zum Halse steht? Man könnte ihm sagen: Dem Harald Glööckler ging's auch mal so. Lies seine Biografie, hör dir seine Geschichte an! Dann hältst du Märchen für machbar. Der Designer ist der lebende Beweis dafür: Wunder kommen zu denen, die an sie glauben.

Viele Tiefschläge hat der Doppel-ö-Träger in Stuttgart kassiert, überall legte man ihm Steine in den Weg. Der Gerichtsvollzieher kam, sein einstiger Mäzen – in seiner Biografie geheimnisvoll als Mister X tituliert – brachte ihn vor Gericht. Doch heute ist der King of Bling-Bling froh, dass es diese Gegner gab. »Aus den Steinen, die man nach mir geworfen hat, habe ich mein Schloss gebaut«, so formuliert er es gewohnt theatralisch. Die große Show ist seine Welt. Und sie war es schon immer.

Die Rolle, die in Deutschland nach dem Tod des Münchner Modedesigners Rudolph Moshammer 2005 frei geworden ist, besetzt Harald Glööckler noch besser als sein Vorgänger. Wer so oft schillernd im Fernsehen erscheint, wird irgendwann als Star wahrgenommen.

1994, als alles mit einer Modenschau im Neuen Schloss begann, hatte der Designer nur ein Ö im Namen, keine aufgespritzten Lippen und keine Botox-Stirn. Glööckler erschuf sich danach zur eigenen Kunstfigur. Sein 16 Jahre älterer Gefährte Dieter Schroth, der sich zu Stuttgarter Zeiten noch die Haare färbte, wurde hingegen immer unauffälliger, je extravaganter es sein Partner auf die Spitze trieb. Als sich die beiden in den 1980ern kennenlernten, war Schroth ein verheirateter Familienvater. Beim Tagblatt-Turm eröffneten sie den Jeans Garden, sind durch dick und dünn gegangen, haben besser zusammengehalten als manches Hetero-Promi-Paar, das in der Öffentlichkeit harmonisch wirken will, obwohl alles nur noch Show ist.

Im *Stuttgart-Album* haben sich viele an die Anfangszeiten des Modelabels Pompöös erinnert, das seinen Ursprung in dem Laden beim Tagblatt-Turm hat. »Im

Uli Kraufmann

Heike Stöffler

Harald hatte, bevor er nach Berlin ging, seinen Laden im Westen – Ecke Ludwig-/Rötestraße. Kurz vor dem Umzug stellte er eine Vielzahl von Säcken mit allen möglichen Dingen zum Sperrmüll bereit. Die Kinder freuten sich, es war ein Schatz von Stoffen, Knöpfen, Tüll etc., was sich in den Säcken befand. Ich habe zwei Paar Schuhe ergattert und hab sie heute noch.

Dietrich Schrag

Ich denke, dass Harald G. bestimmt sowohl äußerlich als auch modisch nicht jedermanns Geschmack trifft. Aber er ist bizarrer Teil der Stuttgarter Geschichte, genauso wie das Maison Tricolore. Jede Stadt lebt von solchen Typen und wird durch sie bunter und interessanter. Heute lebt er in Berlin, vielleicht weil er auch einfach nicht zu den biederen Stuttgartern passt, die bei allem Andersartigen gleich die Nase rümpfen: Gell, so was g'fällt uns fei ned.

Die erste Modenschau von Pompöös im Neuen Schloss.

Jeans Garden schaute Harald immer in die Umkleidekabine rein, wenn du die Hose noch nicht mal anhattest«, schreibt René Hauf. Andreas Markovic schildert eine Szene, die er im Rockclub Röhre beobachtet hat: »Harald kam in einem knielangen, pinkfarbenen Flokatimantel zu einer Party. Dort war's irgendwann ziemlich warm geworden, Glööckler ging zum Tanzen auf die Bühne. Der Hitze wegen entledigte er sich irgendwann seines Kunstfasermantels und tanzte in seinen schwarzen Armeestiefeln fortan nackt. Das wäre vielleicht originell gewesen, wenn das Grace Jones nicht schon vorher gemacht hätte.«

Als 1994 Glööckler und Schroth zu ihrer ersten Barock-Show viel blaues Blut in den Marmorsaal des Neuen Schlosses einluden, stockte manchen der Atem. Ein Jahr später erschien zum Ball »Pompöös« in der Alten Reithalle des Hotels Maritim Gina Lollobrigida. Filmreif fuhr man die damals 68-jährige Diva in der Stretchlimousine vor. Dabei war sie schon am Nachmittag im Maritim angekommen. Man chauffierte sie von der Tiefgarage gerade mal um die Ecke. Mit Bodyguards kämpfte sie sich durchs Gedrücke und Geschiebe der Fotografen und Fernsehteams. Dieses Erlebnis sollte prägend für Harald Glööckler sein, wie er später gesagt hat: »Es war einer jener Momente, in denen man begreift, dass alles möglich ist, wenn man nur den Mut hat, etwas zu bewegen.«

Heute bewegt der Boss eines Glitzer-Imperiums allerhand. Von Pralinen bis zur Hundemode, von Tapeten bis zu Smartphones – einem Produkt nach dem anderen verkauft er seine Lizenz, die Krone zum Kohlemachen. Mister X, sein früherer Mäzen, bekommt nichts davon ab. Er hatte einst viel Geld in den Designer gesteckt und ihn dann fallenlassen, als sich der finanzielle Erfolg nicht einstellte.

Alles ist für was gut, liest der Optimist aus der Lebensgeschichte des Designers. Wer was erreichen will, muss Niederlagen nutzen, um stärker zu werden. Der Modeschöpfer besuchte einmal Zöglinge des Kinderhilfswerks, denen er Schulranzen schenkte. »Warum hast du denn so dicke Lippen?«, fragte ein Kind. Nicht alle Menschen, liebe Kinder, sind gleich. Die Vielfalt macht's. Ist doch schön, wenn einer glööcklich ist.

S. 106/107 Der AER Club Ecke Büchsen-/Kronprinzstraße.

CLUBS & CO.

Alberto Roca spielte im Zapata-Film »Stuttgart – mi amor« die Hauptrolle.

Stuttgart – mi amor!

Das Zapata sorgte für die größte Nachtwanderung in der Geschichte der Stadt

Marcelo Lagos

Das legendäre Team des Zapata im Südmilchareal.

1994 dreht der chilenische Künstler Marcelo Lagos, der als politischer Flüchtling nach Deutschland gekommen war, seinen Schwarzweißfilm »Stuttgart – mi amor«. Es ist die Geschichte eines Fremden, der sich mit Hund und Koffer in der Großstadt treiben lässt, bis er im Niemandsland hinterm Hauptbahnhof strandet und träumt. Als Kulisse dient ein zum Abriss freigegebenes Fabrikgebäude in der »Stuttgarter Nord-Bronx«, wie Marcelo das Südmilch-Areal nennt. Nach den Dreharbeiten feiert das Filmteam dort so heftig, bis daraus ein gastronomisches Phänomen mit dem Namen »Zapata« wird, benannt nach dem mexikanischen Revolutionär.

Postkarten dienen im Zapata als Währung – ein Trick, weil die Konzession fehlt. Mit den Einnahmen werden Künstler unterstützt. Zu den Gästen zählen Prominasen wie Alfred Biolek, Joschka Fischer, Fredi Bobic und Ben Becker. 1995 feiern bei einer Abschiedsparty Tausende den Untergang, den Abriss des Zapata. 1998 findet der Club im Wizemann-Areal an der Pragstraße eine neue Heimat – 2013 ist auch dort dann Schluss.

»Das Zapata war ein Ort von knisternder Erotik, gefüllt von internationalem Flair«, hat Rezzo Schlauch 1996 in Havanna in Kuba gesagt, als der Film »Stuttgart – mi amor« aufgeführt worden ist.

Heute lebt der 1956 geborene Regisseur Marcelo Lagos in Hamburg und Berlin. Für das *Stuttgart-Album* hat er seine Erinnerungen an das Zapata aufgeschrie-

Marcelo Lagos

Im Niemandsland hinterm Bahnhof pulsierte das Leben.

T. c. Ahmet Kizilgül

Da hab ich meine Frau kennen gelernt.

Marcelo Lagos

Thomas Hornung

Das Zapata war der beste Club, den Stuttgart je hatte.

ben: »Als der Weltgeist am Nordbahnhof haltmachte, löste er die größte Nachtwanderung in der Geschichte Stuttgarts aus. Die Eigenart dieser Bewegung war überwältigend, ansteckend, authentisch und vielschichtig. Sie war nicht der Geist aus der Flasche und auch nicht der Zeitgeist in seiner anpassungsfähigen Form, wie man ihn heute überall findet. Sondern ein rebellischer Geist, er war illegal, fremd und exotisch, er war nicht zu fassen, zu erfassen. Er verzauberte Polizisten und entzückte ordnungsliebende Beamte, er berauschte Presse, Politiker und Prominente. Der Weltgeist kam nach Stuttgart und Stuttgart war planlos, fassungslos und sehr, sehr sympathisch. Eine Reise ins wilde Berlin war unnötig, das Gute

1995 ist das Zapata abgerissen worden – Schauspieler Ben Becker (rechts) war mit dabei.

Marcelo Lagos

Martina Mohr

Bis heute wird der UFA-Palast von mir boykottiert, weil das alte Zapata dafür weichen musste …

Manfred

Die Klos waren einzigartig. In Zusammenspiel mit toller Musik bis heute lebhaft in Erinnerung geblieben. Wirklich schade, dass es so was heute nicht mehr gibt!

und Weltstädtische lag vor der Tür. Die documenta X interessierte sich für dieses Stuttgarter Wunder, andere sahen ein Beispiel für gelungene Urbanität und Integration darin … und für wiederum andere war es einfach schwer, stillzuhalten. Eros tanzte leidenschaftlich in der Nacht, aber alle wussten es: Das ist einmalig, das ist besonders und es kommt nie wieder.

Der Abriss kam schnell, Spekulanten und Stuttgart 21 drängten uns aus dieser Gegend und der Weltgeist wanderte aus … In Shanghai wurde er zuletzt gesichtet und der größte Club Chinas wurde errichtet … sein Name: Zapata.«

Campinos peinlichster Moment

Die Mausefalle war die spannendste Live-Bühne der 1980er

Häufiger Gast in Stuttgart: Sänger Campino von den Toten Hosen.

Weiß noch jemand, was »ZK« heißt? Wer glaubt, es gehe um ein Zentralkomitee aus Düsseldorf, kennt die ganze Wahrheit der deutschen Punkgeschichte immer noch nicht.

ZK, das heißt »Zum Kotzen«. So einfach war das. Helden, die dem Schicksal trotzen, haben immer was zum Kotzen. Campino, 1962 geboren, hat als Sänger der Toten Hosen bis zu seinem Lebensende eine Bestimmung zu erfüllen. Doch es gab auch ein Leben vor den Hosen. Und das war zum Kotzen. Mit 16 gründete Campino die Band ZK. Und wie das meist ist mit Legenden – es gibt viele Versionen. ZK, hörte man zuweilen, heiße »Zwei Koteletts« oder »Zentralkomitee Stadtmitte«. Oder doch »Zur Kehrwoche«, weil es die Düsseldorfer Punks Anfang der 1980er mit ihren zwei Buchstaben bis in die schwäbischen Reviere schafften?

Für Musiker, die damals weder die Hitparaden stürmten noch große Hallen füllten und so gut wie nie im Radio gespielt wurden, gab es zu dieser Zeit in Stuttgart nur eine An- und Auslaufstelle. Die Mausefalle! An der Tübinger Straße befand sich diese Falle im ersten Stock, direkt neben einem Striptease-Laden mit dem schönen Namen Natalie-Bar. In diesem zuvor heruntergekommenen Schuppen trat Campino, damals den Zivildienst ableistend, mit der Vorläufergruppe der Toten Hosen zum wohl legendärsten Konzert dieser Zeitepoche auf. »Zwar verlegte er die

Geschichte in seinem Buch ›Bis zum bitteren Ende‹ in eine andere Stadt, doch sie trug sich in Stuttgart zu«, erzählt Stefan Siller, einst als Veranstalter ungewöhnlicher Konzerte ein Pionier der Stuttgarter Live-Rock-Geschichte und heute als SWR-1-Moderator gern gehört. Campino, so weiß man inzwischen, hatte die schwäbischen Punks völlig unterschätzt. Der Mann erlebte seinen peinlichsten Moment. Denn die hiesige Pogo-Gemeinde hatte sich etwas einfallen lassen.

Die Besucher bauten vor der Bühne Stuhlreihen auf, setzten sich auf die Stühle, verschränkten die Arme vor der Brust und zeigten während des gesamten Konzerts null Reaktion. ZK war völlig fertig, zu komisch! Nach dieser denkwürdigen Nacht wagten sich die Fortuna-95-Fans trotzdem noch zu einem weiteren Konzert in die Mausefalle. Es fand im Rahmen einer »ZK-Abschiedstournee« statt. »Leider waren Campinos Erinnerungen auch in dieser Angelegenheit etwas getrübt«, sagt Siller, »denn er schreibt in seinem Buch, dass 800 Leute vor der Mausefalle gestanden hätten.« Schon die Hälfte hätte den Radiojournalisten und seine Mitstreiter von PAUL-Musik zufrieden gestellt. Als es dann die Toten Hosen tatsächlich gab, ging PAUL mit ihnen ins Maxim – der Andrang war so gewaltig, dass der Laden gestürmt wurde. Eines Tages, sagte man damals, werden die Jungs aus Düsseldorf in der neuen Schleyerhalle (das erste Konzert gab's dort im Jahr 1983) spielen. Es sollte tatsächlich so kommen. Die jungen Männer von der Mausefalle haben so mancher Karriere auf die Sprünge geholfen. Sie haben Stars gemacht.

1978 war Stefan Siller zum damaligen Südfunk nach Stuttgart gekommen. Mit dem Journalisten Werner Heitmann und seinem inzwischen verstorbenen Radiokollegen Hermann Stange hatte er 1980 PAUL-Musik als »Verein für zeitgenössische Jugendkultur« gegründet. Wie es zu dem Namen kam? »Wir fanden ihn einfach gut«, antwortet Siller. Von PR, Catering oder Gema-Gebühren hatten sie keine Ahnung. Und doch ging alles sehr schnell. Sie saßen an der Kasse, schmierten Brötchen für die Künstler und handelten

Stefan Siller

Flyer der Mausefalle von 1981.

Anteile aus – 70 zu 30 oder 60 zu 40 für Band und für PAUL?

Eigentlich wollte PAUL-Musik das Feuersee-Kino rocken, in dem sich heute das Theater der Altstadt befindet. Doch der Kinopächter sagte den geplanten Gig kurzfristig ab, weil er bei dem möglichen Lärm Angst vor den Anwohnern hatte. Schließlich landete man in der Mausefalle, einem Ort mit Tradition. Der geniale Kabarettist Werner Finck hatte sie gegründet und war hier von 1948 an aufgetreten. Den Namen des Theaters hatte er von Shakespeare entnommen. Hamlet will mit einem Theaterstück den König des Mordes an seinem Vorgänger, Hamlets Vater, überführen. »Wie nennt Ihr das Stück?«, fragt der König. Darauf Hamlet: »Die Mausefalle. Und wie das?

Norbert Prothmann

22. Februar 1981: Angekündigt waren Grauzone und Mother's Ruin. Grauzone, die mit dem »Eisbär« einen Hit gelandet hatten, gab's damals aber grade nicht. Stephan Eicher kam solo, mit Gitarre und Synthie. Als er sein Repertoire durch hatte, wollte das Publikum mehr. »Ich habe aber nicht mehr«, sagte er. Also spielte er ein paar Songs zum zweiten Mal. Danach stand er im Flur und bot seine EP an. Viele verkaufte er nicht. Als ich bezahlte, sagte er mit einem bescheidenen Unterton: »Danke!« Es war kaum vorstellbar, dass dieser unscheinbare, zurückhaltende Typ der Urheber von »Eisbär« war.

Marc Simianer

Ja, ich kenne es noch als Mausefalle und als Skylab. Fotos gab's da drin keine, war ja dunkler als in einem Kuharsch – was manchmal von Vorteil war, z. B. wenn ich mich an den Geruch der »Rauchwaren« (und ich meine nicht Pelze) erinnere. Als »Winks« habe ich es nicht mehr gesehen – da war ich schon ins »AT« gewechselt – auch ein Relikt, das es nicht mehr (so) gibt.

Stefan Siller

Dirk Legumbre

Ja, cool, Ideal habe ich an dem Tag im SDR-Studio getroffen – mit Thomas Roth, falls den noch jemand kennt – und dann war ich kurz drauf bei Trio in der Falle. Aber Ideal waren arrogante Säcke im Studio. Und der Typ mit seinem Wehrmachts-Ledermantel ging ja auch gar nicht (wer war das? Basser? Drummer? kape … war mir auch wurscht, Dumpfbacken halt). Aber Trio war fett.

Hakan Bayazit

Auf dem Holzboden der Mausefalle durfte man nicht so toll tanzen, weil die Plattenspieler-Nadel immer gehüpft ist.

Da, da, da: Trio spielte in der Mausefalle.

Metaphorisch. … Der Aussätzige mag sich jucken, unsre Haut ist gesund.« Das Kabarett überlebte nicht, es folgte Cabaret – Frivoles aus Paris. Dann wurde es mit einem Tanzcafé versucht, das US-Soldaten anzog. Der einstmals gute Ruf der Mausefalle litt, und der Pächter versprach sich mit Konzerten von PAUL-Musik bessere Umsätze.

Wer immer in den Biografien großer Künstler nachliest, wo sie ihre ersten Auftritte in Stuttgart hatten, stößt auf die Mausefalle. Ob Inga Humpe mit den Neonbabies, ihre Schwester Annette Humpe mit Ideal, Trio, Ton Steine Scherben mit Rio Reiser, Spider Murphy Gang, Die 3 Tornados oder BAP – alle waren hier, als noch wenige sie kannten. Die Zeitungskritiker waren begeistert, weil ihnen die Musik gefiel und die Falle ein schräges Thema war. Klaus Voormann, der in Hamburg bei den Beatles den Bass gezupft hatte, nahm in der Mausefalle ein Konzert von Trio auf – es wurde eines der bestverkauften Tapes jener Zeit.

Nicht nur, dass BAP im ersten Stock der Tübinger Straße ihren allerersten Auftritt außerhalb des Großraums Köln hatte – nein, die Band wurde auch noch zur Illegalität verführt. PAUL-Musik brachte Wolfgang Niedecken & Co. in einem besetzten Haus in Heslach unter, um Hotelkosten zu sparen. Stefan Siller erinnert sich: »Die eigentlichen Hausbesetzer nutzten die Gelegenheit zum Ausgang, so dass die Kölner Musiker grün uniformierten Räumern allein gegenübergestanden hätten.« Die Polizei kam in dieser Nacht übrigens nicht. Dafür kamen später dann Donovan und Arlo Guthrie für ein Doppelkonzert. Die Weltstars waren in der Stadt, keiner weiß bis heute, warum. Innerhalb von zwei Tagen musste für den Auftritt getrommelt werden. Für Plakate war es zu spät, aber der Laden war voll.

1982 standen Siller und seine Mitstreiter kurz davor, Pächter der Mausefalle zu werden. Fast hätte der Radiomann seinen festen Arbeitsplatz im Funkhaus

Oliver Seibold

Ganz großartiger Laden, die Mausefalle, in dem in den 80ern auch jede Menge geile Punkrock-Gigs über die Bühne gingen. Trio und Ideal haben da auch gespielt, GBH, Chaos Z …

Klaus Voormann, der bei den Beatles den Bass zupfte.

Stefan Siller

Annette Humpe düste im Sauseschritt.

Manu Et Julie

Wenn man die Treppe hochkam, war rechts das Cabaret »Der Kreisel«. Das war ein Strip-Club der Oberklasse, kein Pornoschuppen. Geradeaus weiter ging es in die Mausefalle. Die Mausefalle war nach dem Krieg das erste Theater in Stuttgart, »Der Kreis« war von 1945 bis 1949 ausschließlich für amerikanische Offiziere zugänglich, dann für jedermann. Das Theater Mausefalle wurde eröffnet und betrieben von Ludwig Gang (meinem Vater) und Werner Finck. 1961 wurde die Mausefalle ein Tanzcafé, die Bands wechselten monatlich. 1966 wurde dann daraus die Discothek. Anfang 1970 hat mein Daddy beide Betriebe verkauft. (»Sobald die SPD eines Tages an die Regierung kommt, steige ich aus!« – Zitat von Ludwig Gang, welches er in die Tat umgesetzt hat!)

aufgegeben. Mit dem persönlichen Referenten von OB Manfred Rommel lieferte er sich einen heftigen Schriftverkehr. Der Mann im Rathaus hieß Wolfgang Schuster – er sollte später selbst OB werden. Nach langem Hin und Her fiel der Verwaltung plötzlich auf, dass die Belüftungsanlage nicht ausreichte. »Wir hätten 120 000 Mark investieren müssen«, erzählt Siller. Es war das Ende der Falle. PAUL-Musik organisierte danach Konzerte im Maxim sowie in der Röhre – auch diese beiden Konzertbühnen haben nicht überlebt.

»Paul bringt's«, stand auf den Eintrittskarten der Mausefalle. Das erste Stuttgart-Konzert von Ideal am 17. Februar 1981 kostete neun Mark im Vorverkauf. Skurrile Szenen spielten sich ab, wenn der Bus der Tour »Stuttgart bei Nacht« vor der Mausefalle stoppte. Die beispielsweise von der Schwäbischen Alb angereisten Herren, auf der Suche nach unbekleideten Damen, wollten die Natalie-Bar ansteuern, mussten sich auf der schmalen Treppe aber erst einmal an Hippies und Punks vorbeischlängeln. Lange sträubten sich Siller und seine Freunde übrigens, das benachbarte Strip-Lokal aufzusuchen. Aber irgendwann ist es mit Musikern nach dem Auftritt dann doch geschehen. Und schon begannen die Tänzerinnen mit dem Entkleidungsvorgang. Werner Heitmann zog sich an ein Flippergerät zurück – es gefiel ihm nicht, anderen Menschen bei der Arbeit zuzusehen. Am Automaten war er nicht lange allein. Eine der Damen nutzte eine Strip-Pause, um ihm Gesellschaft zu leisten und mit ihm ein wenig zu philosophieren. Bei der Unterhaltung kam es zu einem inzwischen legendären Spruch. »Ich rauche zu viel und bumse zu wenig«, sagte die Tänzerin. In Expertenkreisen wird bis heute gerätselt, was für ein Zusammenhang da besteht.

Heute würde es zumindest ein Rauchverbot in der Mausefalle geben. Und was wird morgen sein? Ein ideenreicher Musikfreund wie Stefan Siller denkt gewiss an die Zukunft. In einigen Jahren könnte er seinen Ruhestand nutzen, um PAUL-Musik zu neuem Leben zu erwecken und einen »Verein für zeitgenössische Seniorenkultur« zu gründen. Das wird ein Spaß, wenn zur Eröffnung BAP, Trio und Ideal noch mal kommen. Und Campino dreht sich als späte Rache auf der Bühne vor uns allen um.

Live im Tunnel

Die Röhre rockte 26 heiße Jahre lang

Uli Kaufmann

1985 eröffnete die Röhre im Wagenburgtunnel.

»Ein Tunnel«, hat 1985 ein schlauer Mann gesagt, »ist nichts anderes als ein Loch, ein nützliches Loch.« Der schlaue Mann war Oberbürgermeister von Stuttgart, und das nützliche Loch befand sich im Wagenburgtunnel. Dort hat Manfred Rommel am 26. September 1985 den Musikclub Die Röhre eröffnet.

»Viele tolle Konzerte« hat Jonathan Langhaarschneider in diesem Tunnel erlebt und ärgert sich: »Zu schade, dass die Röhre wegen Stuttgart 21 dichtgemacht werden musste. Vor allem, weil es wohl noch gar nicht nötig gewesen wäre.« Im Januar 2012 wurde nach 26 Jahren die Abschiedsparty gefeiert. Jase Seeger vermisst »die Subkultur in dieser Stadt«. Nicht nur die Röhre musste schließen. Andreas Menzel schreibt: »Unglaubliche Konzerte, die ohne die Röhre in Stuttgart mangels Location damals gar nicht hätten stattfinden können, Fall, Wipers, Rollins Band, Mr. Bungle, Fantomas etc. Und bei den frühen Röhre-Discos viele tolle Sachen, die ich sonst nie (oder viel später) kennengelernt hätte – und das in bestem Wohlfühlklima.« Bernd hat beim Anblick des Fotos im *Stuttgart-Album* »sofort den Geruch der Röhre in der Nase«.

Ausflug in die Unterwelt

Das unbekannte Tier war ein ungewöhnlicher Ort der Nacht

Uli Kraufmann

Wil Dy

Mit dem Aquarium eine richtungsweisende Deko!

Magisch war das Dreieck aus Palast, Zum Zum und Unbekanntem Tier. Sechs Jahre währte die Geschichte des »Tiers«, vom 17. Mai 1990 bis zum 30. Mai 1996. Dort, wo sich früher mal im alten Metropol-Gebäude die Wienerwald-Grillstelle befand, kam hinter einer Spanplatte eine zentimeterdicke Fettschicht zum Vorschein. Das Leitungsnetz war ein Labyrinth. Christoph Ulmer, Philippe Kaiser und Johannes Zeller – sie hatten zuvor das Casino in Heslach betrieben – legten die Decke frei. »Tommy Labusch, der Chef vom Palast der Republik, hat mich auf die Idee gebracht«, erinnert sich Johannes Zeller, »er zeigte mir den Laden gegenüber, der leer stand.« Zunächst war Zeller skeptisch. Doch dann legte er mit seinen Kumpels los – und schuf einen der ungewöhnlichen Nachtorte mit richtungsweisender Deko. Gegenüber, beim früheren Klohäuschen, das zum Palast geworden war, benannt nach Honeckers »Lampenladen«, war auch immer was los. »Zu den Highlights zählte jeder Donnerstag«, sagt Zeller, »da war immer die Hütte voll.« Ufuk, ein häufiger Besucher, denkt gern zurück an »entspannte Menschen und gute Musik«. Und Sabine ist sicher: »Das war einfach das Beste, was Stuttgart zu bieten hatte.«

Zu den Fans von Palast und Tier zählte der damals in Stuttgart engagierte Berliner Schauspieler Ben Becker. Wirt Tommy Labusch erzählte ihm an einem schönen Sommerabend – wie üblich war es viel zu voll –, dass der Platz, auf dem sie ihr Bier tranken, untertunnelt sei. Schon lange träume er davon, diesen Untergrund zu erschließen. Von tiefergelegten Bahnhöfen ahnte man damals noch nichts. Die beiden stiegen in den Heizungskeller des Unbekannten Tiers hinab, um mit einer Taschenlampe und einem Schraubenzieher ihre Forschungsarbeiten in der Unterwelt zu beginnen. Auf diesem Weg, freute sich Becker, könne er künftig die Schlange vor dem Palast der Republik umgehen und schneller an den Tresen gelangen. Der Schauspieler und der Wirt wagten sich immer weiter und immer mutiger voran – vom Beifall der Ratten begleitet. Endlich fanden sie einen Gullydeckel, den sie für den Ausgang zur Bar hielten. Doch dahinter fanden sie keinen Ausschank vor, sondern ein menschenleeres Schlafzimmer mit einem Spiegel überm Bett. An den Fenstern des Raumes schauten schon die ersten Passanten herein. Vom Kanalsystem waren die beiden im Schaufenster des Einrichtungshauses Rohrer gelandet. Seitdem, so erzählt man sich, ruft Ben Becker besonders laut »Oben bleiben«.

Uli Kraufmann

Doris Oehl

Meine alte Heimat, habe um die Ecke gearbeitet. Neben dem Maxim war die Bierakademie. Ist heute auch nicht mehr.

Norbert Prothmann

Hässliches Gebäude, aber toller Live-Schuppen. Habe da einige klasse Konzerte drin gesehen.

Die Gage in der Aldi-Tüte

Im Maxim spielten Schwoißfuaß und die Hosen

Manon LaKost

1980 bin ich da mit meinem Freund nicht reingekommen. Er hatte Reiterhosen und einen langen pinkfarbenen (von ihm) handgestrickten Pullover an. Er musste dann leider draußen bleiben.

Heut gehn wir ins Maxim! In dem ehemaligen Raucherkino an der Wilhelmstraße befand sich eine der aufregendsten Live-Bühnen der 1980er-Jahre. Die Band Schwoißfuaß (»Oinr isch emmr dr Arsch«) gab hier eines ihrer vielen Abschiedskonzerte. Beim Auftritt von Herman Brood war Dirk backstage, wie er im *Stuttgart-Album* schreibt: »Draußen tobte die Menge, er war mindestens ein, zwei Stunden über der Zeit und lag total dicht auf dem Sofa. Irgendwann raffte er sich dann doch auf – und gab, wie immer, einen Hammergig!« Thomas, der sich an den »rothaarigen Kellner Hüpfi« bestens erinnert, hat im Maxim ein unvergessliches Konzert von Bob Marleys Wailers gesehen – aber ohne Bob Marley, der war damals schon tot. »Nach dem Konzert«, schreibt Thomas im *Stuttgart-Album*, »haben die Jungs den DJ entlassen und selbst aufgelegt.«

SWR-Moderator Stefan Siller hat dort ein Konzert der Toten Hosen veranstaltet. Wie üblich sollte die Gage bar ausbezahlt werden – es waren damals sagenhafte zehntausend Mark. »Wir hatten Schiss, mit diesem Geld durch die Stadt zu laufen«, erinnert sich der Radiomann. Also steckten sie die Kohle in eine Aldi-Tüte – die schien ihnen unauffällig.

Im Jahr 2000 wurde das Maxim Gorki, wie es nun hieß, ein Fall für die Kripo. In den »Stuttgarter Nachrichten« stand: »Angeblich ist der Club wegen Umbau geschlossen. In Wahrheit hat dort die Polizei aufgeräumt. Die drei Geschäftsführer der Teeniedisco sitzen in U-Haft. Sie gelten als Mitglieder eines Drogenhändlerrings, werden sogar der Russenmafia zugeordnet.« Schnee von gestern. Das Maxim ist längst abgerissen.

Auch Nena war mal da

Legendärer Club an der Reinsburgstraße: das Müsli

»Oh, das Müsli«, schreibt Anja Müller-Hesse, »never forget.« Das Müsli an der Reinsburgstraße hieß eigentlich »Musicland«. Doch alle benutzten nur die Abkürzung. In den 1980ern und 1990ern war das Müsli bei Jugendlichen im Alter von 16 bis 23 Jahren der wohl beliebteste Club der Stadt – bis zur Schließung im Jahr 1997. Thomas hat im Müsli, vom AT kommend, einige Jahre aufgelegt – er nannte sich Jonas. »Nena hat auch mal im Müsli gespielt«, schreibt Thomas im *Stuttgart-Album*, »ihre Band hieß damals noch The Stripes.« Kaum hatte Thomas seinen Kommentar gepostet, meldete sich Susann: »Nee, jetzt, oder? Der Jonas. Und siehst dir tatsächlich noch ähnlich!« Thomas bedankte sich prompt bei Susann: »Danke, bin auch ganz froh, dass ich mich heute noch im Spiegel erkenne. Das war damals nach manchen Nächten nicht immer der Fall am Morgen danach.« Ob er sich noch daran erinnern könne, dass er ihr »einen unglaublichen Tempo-Pflaster-Verband« an ihrem Daumen befestigt habe, fragte Susann nach. Darauf Thomas: »Ich kann mich dunkel an was mit Verband erinnern. Aber wie heißt es so schön: Wer sich an die 80er erinnern kann, hat sie nicht erlebt.«

Ute Weber

Während der Schulzeit habe ich sogar für den Deutschunterricht meine Reclam-Heftchen dort gelesen.

Mitko Ristov

Freitag, Samstag und Sonntag! Und das jede Woche, zwei Jahre lang während meiner Ausbildung! Schöne Zeiten.

Rita Polzer

Müsli ... ging für Königshofgänger überhaupt nicht.

Sandra Ne

Bin gestern dran vorbeigelaufen und hab meinem Sohn erzählt: Da ging's runter in 'ne Disco! :-) Hier saß ich früher – unglaublich!

Ingmar Volkmann / Lift

Nicht nur für Männer

Stuttgarts älteste Schwulendisco: der Kings Club

Laura Halding-Hoppenheit

Schauspieler Helmut Berger und Wirtin Laura Halding-Hoppenheit.

Susanne Belvedere Chachoulis

War mit meinem damaligen schwulen besten Freund öfter im Kings Club. Hab mich da immer soo wahnsinnig wohl gefühlt, weil ich mich als Frau dort geben und bewegen konnte, wie ich wollte, ohne dass mich gleich immer einer anmachte :-)! War immer super dort!

Michael Gross

Wer war schon NICHT im Kings Club?! Auch Nicht-Schwule waren dort anzutreffen! Kann mich dran erinnern, dass viele nur dort waren, um das Publikum zu beobachten und zu checken, ob man angebaggert wird.

Als eine der ersten Schwulendiscos Deutschlands hat der inzwischen verstorbene Hotelier Thomas Bergmeister 1977 den Kings Club Ecke Calwer und Gymnasiumstraße als Kellerlokal eröffnet. Die heutige Chefin Laura Halding-Hoppenheit war schon früh im Club aktiv – zunächst als Garderobenfrau und später mit ihrer Coco-oco-Bar, benannt nach einem damaligen Modegetränk. 1989 hat die gebürtige Rumänin (»ich bin selbst die perfekte Randgruppe«) den Kings Club übernommen, der heute, wie sie sagt, »der schwule Kindergarten« ist. Die Älteren haben heute neue Orte gefunden. In den 1970ern gab es beim Ausgehen kaum Auswahl. »Da war alles verborgen, wir hatten nicht mal Lichtreklame am Eingang.« Früher war halt doch nicht alles besser. Die Zeiten sind toleranter geworden, worüber sich Laura freut: »Die Szene hat sich gemischt, viele Schwule bringen ihre Freundinnen mit – verstecken muss sich keiner mehr.« So habe sich das Leben normalisiert, »und wir haben keine Gettos mehr im Nachtleben.« Ein Club nicht nur für Männer: Auch Frauen fühlen sich hier wohl, weil sie keine Sorge haben müssten, ungewollt angebaggert zu werden.

Gi Nne Günther Schach

Die Minikanzel konnte im Kings Club damals sensationell wie ein Lift nach oben fahren.

Kloker

Die »Mutter der Schwulen«, wie die Wirtin genannt wird, hat auch zwei leibliche Kinder. Ihr Sohn Raoul, ein Jurist, feierte seine Hochzeit im Fresko in der Staatsgalerie. Frühmorgens zog die Festgesellschaft weiter ins KC – zur Freude beider Seiten. Das Brautkleid der Schwiegertochter sei bei einigen Gästen sehr gut angekommen – bei anderen aber auch der Sohn. »Den würde ich auch heiraten«, hörte Laura von einigen Stammgästen. Doch die Wirtin warnte: »Finger weg!« Als Raoul klein war, wollte er »schwul werden«. Der Junge dachte, seiner Mutter damit eine Freude zu machen. Doch die entgegnete nur: »Du wirst so, wie du bist.« Und Laura will noch lange so bleiben, wie sie ist: »Ich mache weiter, bis ich 100 bin.«

Die Schlange hat noch Biss

Die Boa, die älteste Disco Stuttgarts, hat 1977 eröffnet

Dieter Rainer

Ach ja ... nannte sich Anfang der 80er noch BOA-»Night Club« ... damals schon mit netten Sofa-Ecken ... und die ganze Woche geöffnet ... da konnte man auch noch an einem Mittwoch nach der Schicht um 23 Uhr abhängen.

Gi Nne Günther Schach

Die tollste Musik, die besten DJ's und die beste Atmosphäre, die Boa war und ist einmalig, Sloggi, mach weiter so.

Boa-Chef Werner »Sloggi« Find als DJ.

Alle Bilder: Werner Find

DJ Lupus in Aktion.

Die Boa-Gründer.

Sie hat sich in der Stadt festgebissen, die Schlange, deren Grube schon so hell strahlte, die aber auch finstere Zeiten gut kennt. Die Boa an der Tübinger Straße gibt's seit 1977. Deren Chef Werner Find, der seinen Spitznamen Sloggi einer ausgeprägten Abneigung gegen Feinripp der Marke Sloggi verdankt, stand in den ersten Jahren oft vor der Tür, wo sich die Machtzentrale jeder Discothek befindet. »Damals«, erzählt Sloggi, »waren wir noch sehr streng.« Wenn ihm die Turnschuhe (Ende der 70er völlig tabu!) oder auch nur die Nase eines um Einlass Bettelnden nicht passte, war nichts zu machen. Einmal, erinnerte sich Find, habe ein abgewiesener Araber ein Bündel mit Hundertmarkscheinen gezückt. Sloggi blieb dennoch stur. Der Mann ging wütend davon, um wenig später noch viel auffälliger zurückzukehren. »Er fuhr mit einem goldenen Porsche vor und setzte seine Beschimpfungen daraus fort.«

Niemals vergessen wird der Boa-Chef, wie in den 80ern mal ein Tenniskumpel vor der Boa ein gutes Wort für ein rothaariges Bürschchen einlegte, der unmöglich schon sechzehn war und deshalb draußen bleiben musste. Das Bürschchen hieß Boris Becker. Später hat die Boa – von deren Decke hingen Kordeln, die wie Schlangen aussahen – noch viel mehr Stars verschlungen. Von Thomas Gottschalk über Prinz Albert aus Monaco bis zur Spider Murphy Gang und dem französischen Fußballnationalteam – es gab Zeiten, da gingen Promis gern an der Menschenschlange vorbei in die Boa.

Nicole Wild

Anfang der 90er meine Stammdisco! War wie eine große Familie, jeder kannte jeden und es war toll! Zwischendurch war es dann die Wilde 13, dann wieder Boa! Heiligabend war immer am schönsten!

Bewährt auch bei Flugangst

Im einstigen City-Terminal der Lufthansa kam das Bravo Charlie groß raus

Alpha, Bravo, Charlie, Delta, Echo – so klingt das Abc über den Wolken. Von 2005 bis 2009 ist das einstige City-Terminal der Lufthansa mit dem internationalen Pilotenalphabet zum Überflieger des Stuttgarter Nachtlebens geworden. Wirt Basti Sommer (zuvor aktiv in der Suite und im Unbekannten Tier) erfüllte sich einen alten Traum.

Sieben Jahre lang hatte er versucht, das 1966 von Lufthansa erbaute und jahrelang leerstehende Gebäude startklar als Bar auf drei Ebenen zu machen. Einst konnte man hier einchecken und sich in Bussen zum Flughafen fahren lassen. Nun durften die Besucher gleich an Ort und Stelle abheben – etwa bei Partys unter wechselndem Fliegermotto. Die Destination Lautenschlagerstraße war auch bei Flugangst zu empfehlen. Dort machte der Absturz nur 'nen dicken Kopf. Weil man immer aufhören muss, wenn's am schönsten ist, feierte die Bravo-Charlie-Crew Ende 2009 den Abschied. Dann kamen die Abrissbagger. Heute steht hier ein Hotel von Ferdinand Piëch, dem Sohn des VW-Aufsichtsratschefs.

Wer ist dieser graue Kerl?

Sie kamen mit dem 40-Tonner: Depeche Mode 1982 im Oz

Keiner weiß so genau, wie viele Fans sich am 7. Dezember 1982 in den nahezu sauerstofflosen Kellerclub Oz drückten, um ein britisches Synthie-Pop-Wunder zu erleben. Amtlich waren so etwa 300 erlaubt. Wenn man hört, wie viele noch heute von ihrem ersten Mal mit Depeche Mode schwärmen (etwa im *Stuttgart-Album*), müssen es mehrere Tausend gewesen sein. So viele gingen natürlich gar nicht rein. »Auf den Treppen standen die Leute bis oben hin«, erinnert sich der damalige DJ Zeljko Sajko.

Die Karte kostete 15 Mark. Bei der Stadiontour von Depeche Mode im Juni 2013 zahlte man für einen Sitzplatz in der Mercedes-Benz-Arena 84,25 Euro. Was hat sich noch geändert in 30 Jahren? Seit er sich nicht mehr die Haare färbe, hat der 1962 geborene Sänger Dave Gahan im Interview mit »Reader's Digest« gesagt, frage er sich jeden Morgen vorm Spiegel: »Wer ist dieser graue Kerl?« Die Jugend ist für ihn »wie ein guter Wein, von dem man einmal gekostet hat und den man danach immer wieder und wieder trinken will«.

Richtig gut soll Mister Gahan 1982 den »Wein« in Stuttgart nicht gefunden haben, wie der Musikmanager Hans Derer weiß, der damals für Intercord arbeitete, für die in Stuttgart ansässige Plattenfirma von Depeche Mode. Der Sänger habe das F-Wort gerufen, weil er das Publikum lasch fand. Die Zuhörer haben's anders in Erinnerung – im *Stuttgart-Album* bejubeln sie eine Superstimmung im Oz. Rafael schreibt: »Die waren ja zu viert auf der Bühne. Aber ich habe nur drei gesehen, da einer hinter der Säule stand. Der Laden war gerammelt voll. Deswegen stand ich immer auf derselben Stelle. Erst als sie von der Bühne sind, hab' ich bemerkt, dass einer mehr gespielt hat.« Frank verrät uns: »Die haben sich damals im Verstärkerraum die Nasen heftig gepudert.« Rio-Rapper MC Gringo, der in Stuttgart noch Börni Weber hieß, hat aus Brasilien gepostet: »Da war ich dreizehn und durfte nicht rein – bin davor gestanden.« Und Holger fand das Konzert »klasse, weil sie das Album ›Speak & Spell‹ praktisch zweimal gespielt haben.« So groß war das Repertoire noch nicht. Aber gigantisch war schon damals der Truck, der die Arbeitsmittel der Band brachte. »Die sind mit einem 40-Tonner vors Oz gerollt«, sagt Zeljko Sajko. Der Lastwagen war fast größer als der gesamte Club. Das hat die Fußgängerzone in der Büchsenstraße seitdem nicht mehr erlebt. Für den Sänger Dave musste Zeljko einen speziellen Fisch besorgen. Neben dem DJ-Pult haben dann alle vier für ihn die Single »Just can't get enough« unterschrieben. Legendär wie dieses Konzert ist auch der Gig ein Jahr davor von The Cure. Das 1995 nach Drogenproblemen geschlossene Oz galt als erste Adresse.

Rafael Ordóñez

Unvergessen bei den Leuten von Intercord sind die Fußballspiele vor Konzerten: Martin Gore und Andrew Fletcher von Depeche Mode kickten im Innenraum der Halle, während die Roadies die Bühne aufbauten. So geschehen 1983 in der Ausstellungshalle Sindelfingen. Dort entdeckte der Zeitungskritiker eine »neue Mode« im Publikum: »Wie bei bestimmten Hunderassen hängen die Haare lang wallend vor den Augen.« Heute ist manche Mähne grau. Na und? Daves »guter Wein« schmeckt auch dann noch. Just can't get enough. Man bekommt halt nie genug. Wie beim Trinken sind die alten Jahrgänge oft die besten.

Zeljko Sajko

Autogramme der Musiker von
Depeche Mode von 1982.

Der König von Württemberg

Bernd's Lädle machte das »Außer-Haus-Frühstück« populär

Bernd Heidelbauer

Wirt Bernd Heidelbauer und sein Stammgast Rudi Griesinger 1982 in Bernd's Lädle ...

Bernhard Bürkle

Zu der Zeit war das oft mein »Stadtbüro«. Legendär Bernds Croissants mit San Daniele Schinken, der in Silberfolie tonnenweise an den Wänden hing ...!

Yvonne Dylla

Ich mochte die Croissants mit Paté besonders gern. Die kriegt man heute nirgendwo, seufz.

Frühstücken nur daheim? Auswärts schmeckt es auch sehr fein, ganz egal, wann für dich der Morgen beginnt. Bernd Heidelbauer, der in den vergangenen drei Jahrzehnten in der Stadt viele Schlagzeilen gemacht hat, ob als Gastrosoph oder OB-Kandidat, hat das »Außer-Haus-Frühstück« miterfunden und 1979 Bernd's Lädle an der Charlottenstraße eröffnet. Das linke Foto wurde an diesem Ort beim Guten-Morgen-Genuss im Jahr 1982 gemacht. Der heutige Ruheständler weiß es noch ganz genau: »Es war 6 Uhr früh, was unschwer an den Augen der Nachteulen zu erkennen ist. Der Gast, dem ich gerade Champagner eingieße, war der damalige Karnevalsprinz der Zigeunerinsel, Rudi Griesinger. Im Hintergrund ist ein Porträt von mir zu sehen, das von dem damals noch jungen Maler Jürgen Leippert stammt.«

Für das *Stuttgart-Album* sind der einstige Wirt Heidelbauer und sein Stammgast Griesinger an den Ort ihrer jungen und wilden Jahre zurückgekehrt. Bernd's Lädle heißt jetzt Academie der schönsten Künste. Vieles ist gleich geblieben, nicht nur der schwarzweiße Fußboden. Für die beiden war's eine sentimentale Reise in eine unvergessene Zeit. Es gab viel zu

Dan Delgado

Mein erster Arbeitsplatz in der Gastro und ein Garant für viele hübsche Waldorf-Mädchen nach der Schule / in Freistunden. Das Beste war, als Würschtles-Jürgen (vom Brunnenwirt) einmal einen Orangen-Apfel-Maracuja-Mango-Johannisbeer-Guaven-Möhren-Birnen-TomatenSAFT bestellt hat.

... und beide heute im Lokal ihrer Jugend.

erzählen. Bernd Heidelbauer erinnerte sich daran, wie er, vom Erfolg in Stuttgart aufgeputscht, Bernd's Lädle nach New York bringen wollte. »Was in Stuttgart läuft, kann ich überall wiederholen«, dachte er sich. Mitte der 80er wanderte er in die Staaten aus. In Greenwich wollte er ein Lokal mit dem Namen »König von Württemberg« eröffnen. Es kamen kaum Gäste, aber unzählige Kakerlaken. Der Schwabe zerstritt sich mit seinem Vermieter – eines Tages waren die Türschlösser an seinem Lokal ausgetauscht. Er zog vor Gericht – vergeblich. Gescheitert kehrte Heidelbauer nach Stuttgart zurück und übernahm erneut Bernd's Lädle. »In New York nannte man mich König von Württemberg«, sagte er, »jetzt halte ich in Stuttgart Hof.«

Mit seinem Vollbart und stets schwer behangen mit Schmuck wird Stuttgarts Paradiesvogel oft auch für einen griechischen Popen gehalten. Er nimmt's gelassen und belustigt hin: »Man glaubt gar nicht, wie oft ich wildfremden Mädchen die Hand küssen soll.«

NUR NOCH ERINNERUNG

U
FISCHER

Die einarmige Heldin der Currywurst

Im Magischen Dreieck ging nichts ohne den Schnellimbiss Zum Zum

Wer in Stuttgart groß geworden ist, wird ein paar Dinge nie vergessen. Prägend für junge Menschen können der erste Kuss sein, die erste Eifersucht, die erste Sechs, der erste Liebesbrief – und ein Schnellimbiss mit dem klangvollen Namen »Zum Zum«.

Milanka Grubor

Milanka Grubor hatte viele Fans.

Es gibt außergewöhnliche Liegenschaften, die sollte man nicht abreißen, sondern eins zu eins im Stadtmuseum neu aufbauen. Das Zum Zum gehört dazu. Hier am Grill arbeitete eine Serbin – vor ihrem Unfall mit zwei Armen und danach, ohne zu klagen, mit nur einem Arm weiter. Manche sagen, sie habe dies mit Handicap eifriger getan als Menschen, die mit zwei Armen alle Hände voll zu tun haben. Rekordverdächtig zerteilte sie Currywürste und gab gleichzeitig das Geld raus – in der Erinnerung immer noch ein wenig schneller. In den 1990ern war die »Einarmige«, wie man sie liebevoll nannte, ein Star des Stuttgarter Nachtlebens. »Dabei hat Milanka nur Teilzeit gearbeitet«, sagt die damalige Chefin Nada Popek des 1968 eröffneten und 2004 abgerissenen Schnellrestaurants an der Bolzstraße. Ihre Milanka Grubor ist Legende, auch wenn kaum einer ihren Namen kennt. Es scheint, als sei sie Drahtzieherin gewesen im »Magischen Dreieck« zwischen Unbekanntem Tier, Palast der Republik und Zum Zum.

Was ist aus der Heldin der Currywurst geworden? Mit Hilfe der Besucher des *Stuttgart-Albums* haben wir sie gesucht und in Belgrad gefunden.

Das Zum Zum mit orangefarbenem Neonlicht, braun gekachelten Fußböden und braun gestreiftem Cord der Bänke hat es nie in ein Lifestyle-Magazin geschafft, aber in die Herzen der heute 30- bis 60-Jährigen. »Das Zum Zum ist ein Teil meiner Jugend, hat mich groß und stark gemacht«, schreibt Hans-Dieter im *Stuttgart-Album*. »Das Klo unten war übel, da haben sie uns nach dem Kino regelmäßig eingesperrt als Teenies«, erinnert sich Jens. »Da hat man beim Essen immer mal wieder einen V-Mann getroffen«, berichtet Rick. Und Francesco notiert: »Die Einarmige war in der Lage, einen Brotlaib zu schneiden, indem sie ihn unterm Arm auf einer Ablage festhielt und mit dem Messer zersägte.«

Auch im nahen Friedrichsbau Varieté kamen beim Anblick des alten Zum-Zum-Fotos sentimentale Gefühle auf. »Wir waren so oft da, nach der Show oder einfach mal so, schnell über die Straße ein paar Currywürste holen. Jetzt gibt's da viel neue Gastro, aber keine kommt ans Zum Zum ran!«, findet Mascha

Matthias Heft

Beste Stuttgart-Zeit: Palast, Tier, Zum Zum, Wilhemseck, Exil, Brett, Würschtlesjürgen, Casino …

Kai Clausnitzer

Was hab ich bei denen Geld und die bei mir Kalorien liegen lassen … Nachts die erste Anlaufstation.

S. 128/129 Abriss der alten Messe auf dem Killesberg.

Thomas Hörner

Thomas Weber

Schee war's und Grüße an die »Einarmige«. Sie hat immer mit dem Bauch die Currywurststücke aufgefangen, die aus dem Schneider gefallen sind! Herrlich!

Thorsten Puttenat

Hach, dieses Bermuda-Dreieck (Tier, Palast, Zum Zum) war 'ne tolle Sache und fand seinen gebührenden Abschluss in den Tagen vor dem Abriss.

Milanka Grubor

Milanka Grubor.

Hülsewig, die Sprecherin des Friedrichsbaus. Marcel schreibt, er habe die Einarmige niemals lächeln sehen, immer nur arbeiten. Etliche erinnern sich an die Abschiedsparty 2004 im Zum Zum, von Partymachern organisiert, die sich »brennende Pudel« nannten. Zum Zum – wer weiß, was das heißt? Die frühere Geschäftsführerin Nada Popek, vom Stadtmagazin »Lift« als »Mutter Teresa der Szene« geadelt, klärt auf: »Zum guten Essen, zum guten Bier.« Die Brauerei Dinkelacker eröffnete 1967 das erste Zum Zum in Esslingen. Ein Jahr später kam Stuttgart mit der Bolzstraße dazu. Für die Chefin war klar, dass sie ihre Milanka nicht rauswarf, als diese bei einem Unfall unter einen Zug kam und einen Arm verlor. Noch heute staunt Frau Popek, wie schnell und raffiniert die Serbin einhändig Knoblauchzehen schälte und schnitt. Damit hätte sie bei »Wetten, dass …?« auftreten können.

Wir waren so oft da

Irgendwann kam das Zum Zum nicht mehr mit der neuen Zeit mit. Erst verlor die Filiale an der Bolzstraße den Kampf gegen die Abrissbirne, dann wurde auch die letzte Bastion an der Hirschstraße beim Dreifarbenhaus geschlossen. Nada Popek und ihre beste Kraft verloren ihre Arbeit. Nach dem Tod ihres Mannes zog Milanka Grubor zu ihrer Tochter nach Belgrad, wo sie heute noch lebt. Ihr Enkel schickte uns Schnappschüsse von der Großmutter am Grill. Raffiniert sind diese Fotos aufgenommen: Man sieht nicht, dass ein Arm fehlt. Schnappschüsse aus alten Zum-Zum-Tagen, aus einer Zeit, als man Heimat fand für die Länge einer Currywurst, Kraft tankte und noch nicht alles schick sein musste für die neue schöne Shopping-Welt.

Vielen Dank, Frau Grubor!

Pressestelle Breuninger

Sonnenbad im Mineralbad Breuninger.

Stuttgarts erster Skybeach

Über den Dächern der Stadt sprudelte Mineralwasser

Über den Dächern, ja, da liegt der Strand. Sonnenbaden über dem Shopping-Gewusel ist keine Erfindung der neuen Zeit. Einen Skybeach mit toller Aussicht auf die Stadt gab es schon in den 1970ern, nur hieß er damals noch nicht so. Bis 1988 hat das Kaufhaus Breuninger ein Mineralbad im Dachgeschoss betrieben, dem viele Stuttgarter trotz der gehobenen Preise noch immer nachtrauern. Man konnte nach dem Schwimmen im 25-Meter-Becken auf der Dachterrasse auf Liegestühlen oder gar in einem Strandkorb relaxen – mit Blick auf den nahegelegenen Turm des Rathauses.

Mama probierte ungestört Hunderte von Schuhen an, während Papa mit den Kindern im selben Gebäude für das Schwimmabzeichen »Seepferdchen« trainierte. Auch an die Zooabteilung, den Kinderfriseur und an die Milchbar im dritten Stock von Breuninger erinnern sich viele Besucher des *Stuttgart-Albums*. Der Bär Breuni, bereits 1952 als Maskottchen eingeführt, war damals der Star im Stuttgarter Kinderzimmer. »Mir hat der Kinderfriseur von Breuninger immer den absoluten Topf-Rundschnitt verpasst«, erinnert sich Sabina Corea. Beim Kinderfriseur saßen die Kinder auf Holzpferden und kamen sich vor wie auf einem

Martin Fehrmann

Ja, ja, genau da hat mich mein alter Herr ins Wasser geschubst (ohne Schwimmhilfe) und mir den Rat gegeben: Schwimm! Ich hatte zwar keine Ahnung wie, aber ich lebe immer noch und kann bis heute schwimmen …

Pressestelle Breuninger

Karussell. Gegenüber befand sich ein Schaugehege der Zooabteilung. Hier gab es in den 1960ern Gorillas. Breuninger hatte der Wilhelma die Finanzierung einer Gorilla-Aufzucht gespendet. Im Gegenzug durften die Affenkinder ins Kaufhaus, was als Werbung für die Wilhelma galt, sich aber rasch als Magnet für Breuninger erwies.

Durch Zufall waren Arbeiter beim Ausheben der Baugrube für den Breuninger-Markt am Marktplatz 1971 auf eine Quelle gestoßen. Da es sich um eine mineralhaltige Schüttung handelte, überlegte der

Pressestelle Breuninger

Wer trägt die schönste Bademütze?

Firmenchef Heinz Breuninger nicht lange. Zunächst hatte er eine Kunsteisbahn als Freizeitattraktion in seiner neuen Erlebniswelt geplant – doch nun ließ er das Mineralbecken mit Sauna und Freibereich bauen. Deutschland hatte seinen ersten Himmelsstrand – mit echter Bademöglichkeit.

Sinn für Ausgefallenes zeichnete Heinz Breuninger aus, den Chef der dritten Generation. 1959 führte er die Kundenkarte ein, damals ein Novum im deutschen Handel. Bis in die früheren 1980er-Jahre konnten die Kaufhausbesucher im Untergeschoss zwischen Mittelbau und Hochhaus zwei Aquarien an der Decke bestaunen, die den Lauf des Nesenbachs simulierten, der unter dem Kaufhaus verlief. Echtes Nesenbachwasser konnte das freilich nicht sein. Denn der Bach floss zu dieser Zeit nicht in den Neckar, sondern aus gutem Grund direkt ins Klärwerk Mühlhausen.

1980 starb Heinz Breuninger im Alter von 60 Jahren. Vor seinem Tod hatte er bereits den Holländer Willem G. van Agtmael als seinen Nachfolger aufgebaut, der

Charles C. Urban

Hätte Breuninger nie schließen sollen! Zumindest hätten sie einen Trinkbrunnen mit Mineralwasser einrichten können! Welches Kaufhaus hat eine eigene Mineralwasserquelle!

Gesine Biedermann Gansslosser

Ich habe dort schwimmen gelernt … war toll … vergisst man nie!

Pressestelle Breuninger

ließ den Badespaß noch einige Jahre gewähren. Als die Besucherzahlen aber immer weiter zurückgingen und das Defizit nach eigenen Angaben auf über eine Million Mark im Jahr anstieg, ließ er 1988 die Badeoase schließen. Ein französisches Fitnessstudio zog ein, das sich aber auch nicht lange halten konnte. Das einstige Bad wurde zur Mitarbeiterkantine.

Himmelsstrand

Seit dem Umbau des Mitarbeiterbereichs sind auch die letzten Reste des Bades für immer verschwunden. Im alten Fotostudio von Breuninger befanden sich noch lange Zeit Fliesen aus der Mineralwasserzeit. Heute dürfen Mitarbeiter des Kaufhauses in der Mittagspause auf der Terrasse in der Sonne liegen. Und können von der Zeit träumen, als man noch mitten in der Stadt über den Dächern schwimmen konnte.

Marcel Zügel

Jochen Baeuerle

Herrliches Gefühl damals im Sessellift auf dem Killesberg. Immer mit meiner Oma gefahren.

Katja

Marcel Zügel

Liften über Rosen

Sesselbahn auch ohne Skier: Auf dem Killesberg war's möglich

Stuttgart ist nicht Wellington. Aber auch Wellington ist ein ewiges Auf und Ab. Beide Städte sind mit Hills gesegnet. Was beide Städte aus ihren Hügeln machen, unterscheidet sich dann aber doch. Wellington, die Hauptstadt von Neuseeland mit fast einer halben Million Einwohner, ist weltberühmt für seine unzähligen Seilbahnen, die beim Überwinden der topografischen Schikanen behilflich sind. Stuttgart hat eine Zacke und eine Standseilbahn zum Waldfriedhof – und was sonst? Vor Jahren hielten viele Bürger der Stäffeles-Metropole einen Vorschlag des bekannten Werbers Johannes Milla für einen Witz. Seine Idee posaunte er in den Zeitungen hinaus: Die SSB sollte Teile des Nahverkehrs auf Sesselbahnen verlagern. Es war nicht der 1. April. Der Mann meinte es völlig ernst. Stuttgarts Hügel, so seine Überlegung, müssten endlich auffällig gewürdigt werden, die Stadt brauche ein Alleinstellungsmerkmal, eine Bahn, die zusätzlich Touristen anlockt. Ganz wie in Wellington.

Vom Schweben werden die Stuttgarter doch mal träumen dürfen. Viele, die Millas Vorstoß begrüßten, dachten an ihre Kindheit zurück. Wisst ihr noch, auf dem Killesberg? 1950 hatte dort die Sesselbahn bei der Deutschen Gartenschau Premiere. Auf roten, blauen und gelben Stühlen ging's in zehn Meter Höhe

Michael Horlacher

Der Sessellift wäre noch heute eine Attraktion, Liften in der Stadt, schade, dass er abgebaut wurde.

Gabriele Roncarati

Ich erinnere mich an die vielen Flamingos, die ich von oben sah.

Gi Nne Günther Schach

Der Höhenpark Killesberg – hinter der Fontäne die Südstation des Sessellifts.

und in zehnminütiger Fahrt über das Tal der Rosen und über Fußwege hinweg. Kinder, die sich nicht so viel aus Blumen machten, konnten mit der Aussicht auf eine Fahrt mit der Seilbahn für den Killesberg-Ausflug begeistert werden. Im *Stuttgart-Album* erinnern sich viele mit Wehmut daran. »Schnüff, mein Killesberg«, schrieb etwa Kerstin König. »Meine Oma hatte immer fürchterliche Angst«, merkt Thomas an. »Mir war der Sessellift nie ganz geheuer«, schrieb Peter, »was ist, wenn er stehen bleibt?«

Und tatsächlich blieb die Bahn gleich zur Eröffnung im Jahr 1950 stehen. Doch über all die Jahrzehnte schlossen vor allem Kinder das luftige Gefährt ins Herz. Bei Besuchern war der Sessellift beliebt, nur die Anwohner protestierten immer heftiger, weil die sich am Quietschen störten. Auch die Planer der Internationalen Gartenausstellung (IGA) stellten sich dagegen. Die Stelzen würden das Gelände verschandeln. So kam 1990 das Aus. »Klammheimlich«, stand damals in den »Stuttgarter Nachrichten«, wurde die Traditionsbahn abgebaut.

Die IGA brachte im Jahr 1993 dann der Stadt die nächste Panoramabahn – und auch die blieb gleich zu Beginn stecken. Am Eröffnungswochenende saßen

Erik Pop

Die IGA-Bahn.

Gunther Ott

Die IGA-Bahn hätte man lassen sollen. Bin auch mit meiner Patentante damit gefahren. Ist mir immer noch in Erinnerung.

WISSENSWERT:

Der Höhenpark Killesberg hat seinen Ursprung in der Reichsgartenschau 1939. Dafür war ein Gelände, das ursprünglich ein Steinbruch war, von dem Landschaftsarchitekten Hermann Mattern zum Park und Ausstellungsgelände umgestaltet worden. 1941/42 mussten sich jüdische Bürgerinnen und Bürger aus Württemberg und Hohenzollern hier einfinden – vom Killesberg aus wurden sie in die Konzentrationslager transportiert. Ein steinernes Mahnmal erinnert daran. Nach dem Zweiten Weltkrieg war der Park mehrfach Schauplatz weiterer Gartenbauausstellungen – und zwar 1950, 1961 und bei der Internationalen Gartenbauausstellung 1993. Im Jahr 2007 erfolgte der Umzug der Messe auf das Gelände beim Flughafen.

Eckhard Markner

Auch die IGA '93 war ein Beispiel für Dauergemecker und Gekrittel der üblichen Bedenkenträger über Großprojekte – so wie all die Jahre bisher und bis heute ... Aber wir zehren immer noch gewaltig vom so entstandenen »Grünen U«. Insoweit war die IGA, zumal sie mehr Besucher hatte als erwartet, doch wohl ein großer Erfolg. Dass die Bahn aus Kostengründen nicht bleiben konnte, das sehe ich schon ein.

60 Fahrgäste 20 Minuten lang am Wartberg fest. Weil ein Kondensator durchbrannte, mussten Techniker den Zug von Hand in den Bahnhof Leibfried ziehen. Beim Empfang ehemaliger Olympia-Teilnehmer hatte Messe-Chef Rainer Vögele noch eine Stunde zuvor erklärt: »Die IGA ist besser als das, was darüber in den Zeitungen steht.« Die Höhenbahn fahre ohne Probleme. Auf die Bemerkung »Ich hoffe, dass sie heute bei Ihrem Rundgang nicht stehen bleibt« reagierten die ehemaligen Olympioniken und der damalige Sportbürgermeister Wolfgang Schuster (später der OB von Stuttgart) noch mit Gelächter. Wenig später hingen sie fest.

Das Risiko einer möglichen Zwangspause konnte die Menschen nicht schrecken. Zu IGA-Hochzeiten fuhren jeden Tag 18 000 Menschen auf der 4,3 Kilometer langen Schienenstrecke, die ein Gefälle von bis zu 20 Prozent überwand. So gut gefiel die IGA-Bahn den Stuttgartern, dass viele nach der IGA eine Verlängerung forderten. Der Hersteller Intamin, eine Achterbahnfirma aus dem Westerwald, bot der Stadt an, die Hochbahn noch ein Jahr lang auf eigene Kosten auf demselben Rundkurs zu betreiben. Anwohner im Gebiet »Wohnen 2000« wollten das nicht – ihnen wäre das rauschende Gefährt weiterhin direkt an der Nase vorbeigerattert. So sagte der Gemeinderat Servus zur IGA und zu ihrer Bahn. Die Panoramazüge wurden abgebaut und drehen heute in China ihre Runden. Wellington wollte sie nicht nehmen. Die Stadt in Neuseeland hat für ihre Hills ihre eigenen Panoramabahnen und fürs Panorama sogar ein Meer. Wir arbeiten noch dran. Ein Häusermeer reicht uns Visionären natürlich nicht.

Schnelle Autos und fliegende Hüte

Die Solitude-Rennen waren 1965 Geschichte

Pressestelle ADAC

Das Solitude-Rennen wurde 1965 verboten.

Am 12. August 1950 erfreut der Neustart des Solitude-Rennens die Stadt mit dem ersten großen Volksfest nach dem Krieg. Oberbürgermeister Arnulf Klett, selbst ein Motorsportfan und später ein ebenso leidenschaftlicher Porsche-Fahrer, hat die Polizeistunde aufgehoben. Eine Stadt im Ausnahmezustand. 350 000 Menschen sind an diesem Sommersamstag zum Schreien, Jubeln und zum Werfen ihrer Hüte gekommen. Auf der kurvenreichen Rennstrecke, die mit 3000 Strohballen gepolstert ist, erleben sie den Sieg von Fritz Huschke von Hanstein, dem späteren Porsche-Rennleiter. Nach zehn Runden rast er mit einem Eigenbau-VW in einer Zeit von einer Stunde, zwei Minuten und 18 Sekunden als Erster durchs Ziel. Sein Durchschnittstempo: 110,4 Stundenkilometer.

Doch die Autos werden immer schneller – so schnell, dass die Landesregierung die Sicherheit irgendwann nicht mehr gewährleistet sieht. 1965 verbietet der damalige Innenminister und spätere Ministerpräsident Hans Karl Filbinger die Solitude-Rennen. Der Aufschrei der Motorsportfreunde ist damals so groß gewesen wie viele Jahre später bei der Schließung des Fernsehturms durch OB Fritz Kuhn. Mitte der 1960er-Jahre endet in der Automobilstadt Stuttgart für immer eine alte Rennsport-Tradition.

WER ERZÄHLT UNS DIE GESCHICHTE?

ater
Renitenztheater
Stuttgarter Hofbräu
Renitenztheater

Auf dem Gipfel des Württembergs, über dem Neckartal: die Grabkapelle.

Die Liebe höret nimmer auf

Wie kam die Grabkapelle zu ihrer berühmten Aufschrift?

Ach, diese schwäbisch-russische Liebesgeschichte geht den Menschen noch heute zu Herzen – das höret nimmer auf. Würde man das fast 200 Jahre alte Drama vom württembergischen Hofe verfilmen, könnte man sich mindestens zwei packende Versionen denken.

Die erste Version:

Über alles in der Welt liebte der Kronprinz Wilhelm die russische Großfürstin Katharina, eine Tochter des Zaren Paul. Ein Jahr nach ihrer Hochzeit in Sankt Petersburg musste der damals 35-jährige Wilhelm den Thron besteigen – sein Vater, König Friedrich, den man den dicken Friedrich nannte, war just an dem Tag gestorben, an dem seine Schwiegertochter Katharina eine Tochter zur Welt brachte. Die Regentschaft von Wilhelm I. fiel in schwere Zeit. Missernten und Hungersnöte plagten das Land. Seine Untertanen hatten nicht genügend zum Essen. Der König litt darunter sehr und geriet in eine Krise, er war dem Burnout nahe, wie man heute sagen würde.

S. 140/141 Das Renitenztheater befand sich 1991 bis 2010 an der Eberhardstraße.

Und wieder mal war es eine Frau, die Größe bewies. Die Königin beschaffte für die Hungernden Nahrungsmittel und besorgte den Schuhmachern Leder, um ihre Arbeitsgrundlage zu sichern. Dafür verwendete sie die russische Mitgift. Das Volk liebte die Katharina sehr. Der König fühlte sich ungeliebt, unnütz und hilflos. Er suchte Ablenkung und Anerkennung in Affären – in Sex-Abenteuern, die nichts zu bedeuten hatten. Eine seiner Geliebten war die Baronin Blanche de la Flèche. Bisher hatte die sozial engagierte Königin Katharina über die Affären des Gatten hinweggesehen – doch bei der Baronin entflammte ihre Eifersucht. In der Winterkälte vom Januar 1819 fuhr sie spontan und deshalb zu leicht bekleidet zum Gestüt Scharnhausen, um Wilhelm und seine Baronin in flagranti zu erwischen. Bei dieser Ausfahrt erkältete sich Katharina so schwer, dass sie am Morgen des 9. Januar 1819 im Alter von 30 Jahren verstarb.

Jetzt erst erkannte Wilhelm, was er angerichtet hatte! Mit der nervigen Baronin hatte er doch niemals ernste Absichten gehegt! Denn nur seine Katharina war es, mit der er die Liebe in Vollendung gespürt hatte. Aus tiefer Trauer erbaute er der Mutter seiner beiden Kinder die Grabkapelle auf dem Württemberg – mit jener berühmten Aufschrift: »Die Liebe höret nimmer auf.«

Martina

Der schwäbische Tadsch Mahal. Hier endete eine große Liebe.

Innenansicht der Grabkapelle.

Die zweite Version:

König Wilhelm litt zunehmend darunter, dass sein Volk die Königin verehrte und nicht ihn. Katharina, selbst Mutter, schmerzte besonders die Not der Kinder. Sie eröffnete Armenschulen gegen das Kinderbetteln – die Gründung des Katharinenstifts in Stuttgart geht auf sie zurück. Die Frau des Königs zeigte, wo es langging. Ihr Mann flüchtete sich in Affären. Er war schließlich König und konnte sie alle haben.

In die Baronin Blanche de la Flèche verliebte er sich ernsthaft. Schon dachte er über einen Neuanfang mit ihr nach. Als Katharina ihn zur Rede stellte, lehnte er es ab, die außereheliche Beziehung zu beenden. Dann starb seine Frau in Folge ihrer schweren Erkältung. Unmöglich konnte der König dem Volke eingestehen, dass er ein Fremdgänger war. Und deshalb inszenierte er seine Liebe zu Katharina mit Hilfe der Grabkapelle, die Ausdruck seines schlechten Gewissens war.

Welche Version der Wahrheit am nächsten kommt? Man wird es nie erfahren. König Wilhelm hat nämlich alle Schriftstücke, die darüber Auskunft geben könnten, verbrennen lassen.

Bea

Pechschwarz! Das hatte was!

Alle Bilder: Archiv Abtart

Ein Haus trägt Trauer.

Wer hat Angst vorm schwarzen Haus?

Von der Villa Kunterbunt zur Galerie Abtart

Ein altes Wohnhaus, in den 1920ern erbaut, hat seine Pflicht erfüllt, kann nicht mehr gerettet werden. Es muss abtreten und steht nun abgestorben da, sargschwarz. Die 1940 geborene Stifterin Karin Abt-Straubinger, die von ihrem Vater einen Telefonbuchverlag geerbt hat, will an dieser Stelle für ihre Galerie Abtart einen Neubau errichten. »Müssen Kunstwerke immer in etablierten Galerien oder Museen hängen und in teuren Kunstbänden abgebildet werden?«, fragt sie. 2007 hat die Kunstfreundin ihren Verlag verkauft, will Kunst für alle bieten und inszeniert den Abriss des alten Hauses mit zwei jungen Graffiti-Sprayern.

Das Wohnhaus, bevor die Künstler kamen.

Toni

Bevor dieses Haus in der Rembrandtstraße von Möhringen schwarz wurde, hatten es Graffiti-Sprayer ganz farbig gestaltet. Ich habe diese Villa Kunterbunt immer gemocht. Sehr oft bin ich dran vorbeigefahren und spürte gute Laune, obwohl mir das Haus stets seine riesige Zunge rausgestreckt hat. In ebenjenen aufgerissenen Rachen blickte Tag für Tag der Zahnarzt von gegenüber und manchmal auch einer seiner Patienten. Wenn das nicht motivierte!

Bastian

Im Juni 2008 wurde in Stuttgart-Möhringen im Rahmen einer öffentlichen Kunstaktion ein gewöhnliches Wohnhaus komplett schwarz eingefärbt.

In vier Tagen intensiver Arbeit erhielt das Gebäude einen Anstrich mit 500 Litern Farbe vom Fundament bis zum Giebel, über die Fenster und Dachziegel bis zur Antenne. Die Idee des Projekts stammt von den beiden Künstlern Simon Jung (Berlin) und Erik Sturm (Stuttgart). Das Projekt wurde von der Karin Abt-Straubinger Stiftung gefördert.

Durch die Schwärzung wird das Gebäude anonymisiert und erlangt gleichzeitig Modellcharakter. Besonders spannend ist die Veränderung der Wahrnehmung des Objekts bei unterschiedlichen Lichtverhältnissen. Nachts scheint das Gebäude auf den ersten Blick verschwunden, es fügt sich in die Dunkelheit ein. Es besteht eine Wechselwirkung zwischen Objekt und Umgebung.

Kai Dreadmaster

Das ist Teil der Kunstgeschichte Stuttgarts, einst das »Graffitihaus«, wurde dann zum »schwarzen Haus«. Leider gibt's das nicht mehr.

Das Wohnhaus nach dem Besuch der Graffiti-Sprayer.

Wir befinden uns an einer Straße, die nach dem Maler Rembrandt benannt ist. Wenn das nicht verpflichtet! Erst verschnörkeln Erik Sturm und Simon Jung, die damals 26 Jahre alt sind, das Eckhaus knallbunt mit allen Buchstaben des Alphabets. Schulklassen pilgern hierher und freuen sich. Doch manche Möhringer finden die Farbkleckse im Stadtbild gar nicht lustig und sehen darin einen Angriff auf die Ordnung. Es folgt der zweite Teil der Kunstaktion. Aus der Villa Kunterbunt wird ein Trauerkloß. Drei Tage lange sind die Graffiti-Künstler als Schwarzarbeiter am Werk. Sie klettern aufs Dach, um auch die Ziegel anzuschwärzen.

Zwischen Goethe und Gartenzwergen

Warum das Renitenztheater bisher zweimal umgezogen ist und sich trotzdem treu bleibt

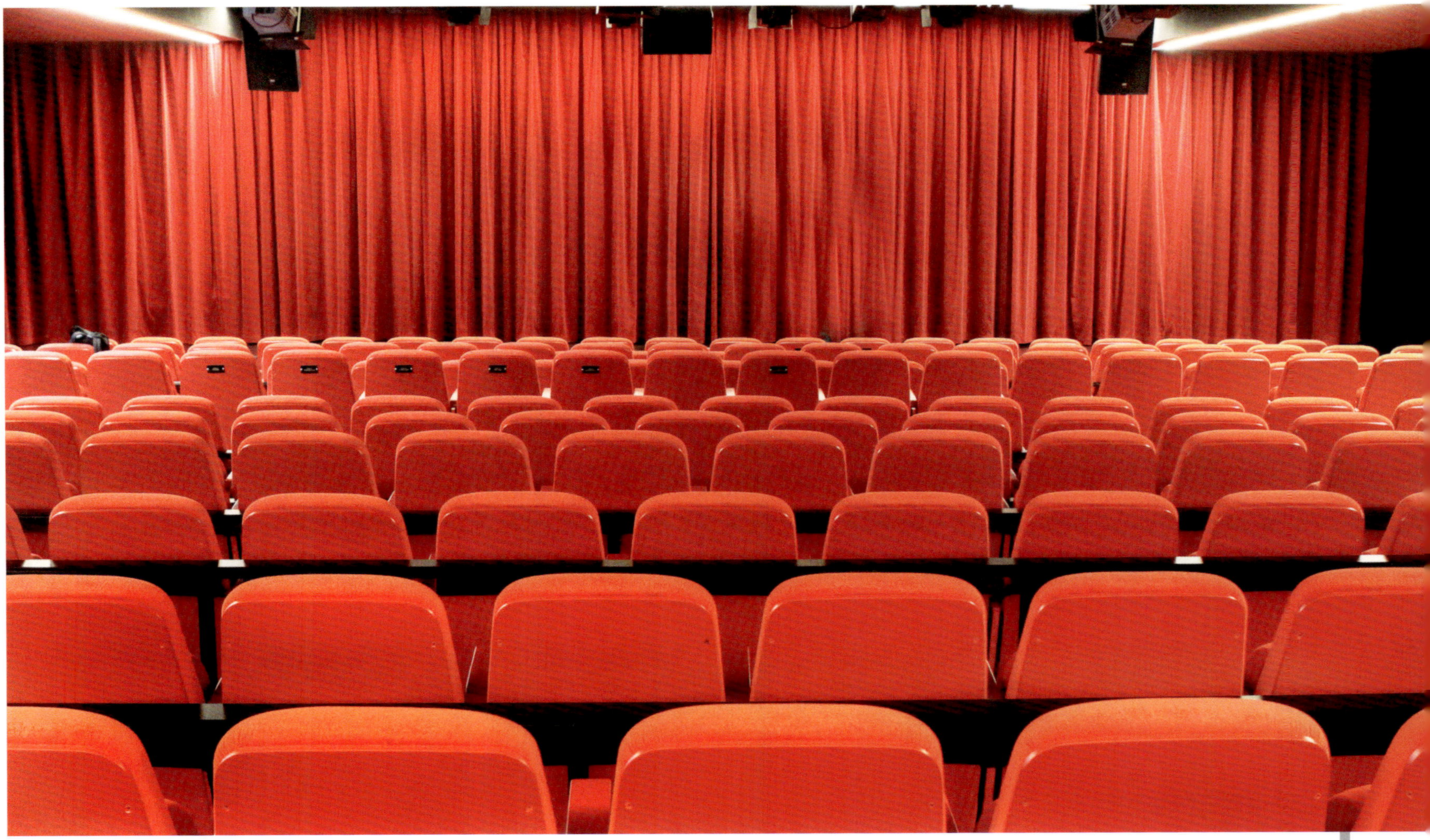

Renitenztheater Stuttgart e. V.

Leidenschaft ist rot: der Theatersaal im neuen Renitenz.

Was haben Goethe, Girls und Gartenzwerge gemeinsam? Sie haben Stadtgeschichte geschrieben, Kabarettgeschichte. 1961 hat der Pianist und Komponist Gerhard Woyda an der Königstraße 31 ein kleines Privattheater eröffnet. In seinem ersten Programm, dem der 1925 geborene Ostpreuße den einprägsamen Titel »Goethe, Girls und Gartenzwerge« gab, vermischte er die hohe Kunst des Dichters, die Spießerwonnen im Vorgarten mit erotischen Reizen. Auch der Name für die Bühne war rasch gefunden. Nicht weit von ihr befand sich einst mit dem Alten und dem Neuen Schloss die Residenz der Herrscher – der Obrigkeitshörigkeit wollte Woyda Renitenz entgegensetzen.

Die Geschichte des Renitenztheaters ist die Geschichte einer Talentschmiede: Woydas Spürnase für spätere Kabarettstars wie Mathias Richling und Thomas Freitag ist legendär. Es ist die Geschichte einer Wanderbühne – zweimal ist das Theater bisher

Manu HarmsSchlaf

Domizil für 19 Jahre:
Die Bühne an der Eberhardstraße.

Archivbild

Gerhard Woyda in den 1970ern im
Renitenz der Königstraße.

umgezogen – und die Geschichte der Kunst, auf unterhaltsame Weise das Demokratieverständnis zu schärfen. Lange vor der Apo war Woyda politisch eindeutig präsent.

Das erste Renitenztheater auf der Stuttgarter Einkaufsmeile war nichts für Weicheier. Hier gab es keine Künstlertoilette, dafür aber eine resolute Frau an der Kasse, mit der man sich besser nicht angelegt hat – Martha Woyda, die Mutter des Intendanten, hatte die Fäden fest in der Hand. Mit ihrem Tod endete die Ära des Renitenztheaters an der Königstraße. 1991 kündigte der Hausbesitzer den Künstlern, obwohl die ihre finanziellen Probleme nun im Griff zu haben schienen – die Stadt hatte die einst private Bühne gerettet und in einen gemeinnützigen Verein überführt. Nach 30-jähriger Spielzeit musste Woyda etwas Neues finden – er zog in einen alten Lagerkeller an der Eberhardstraße. Doch auch dort hatten die Eigentümer irgendwann andere Pläne. Im Jahr 2010 wechselte das Renitenz ins Hospitalviertel an der Büchsenstraße.

2004 hatte Sebastian Weingarten die Intendanz übernommen. Seinen Förderer und Lehrmeister Woyda hatte er 1974 in Saint-Tropez kennengelernt. Dort machten Weingarten und ein Freund am Hafen Stra-

1991 bis 2010: Das Renitenz
im Keller der Eberhardstraße.

Renitenztheater Stuttgart e. V.

Seit 2010: Das Renitenz
im Hospitalviertel.

ßenmusik. Sie schliefen am Strand. In Saint-Tropez gab es damals keine Schließfächer, aber einen hilfsbereiten Theatermenschen aus Stuttgart. Woyda bewahrte das Gepäck der jungen Deutschen auf und war sehr beeindruckt von Weingartens Liedern. »Ich war 20 Jahre und ein neues Leben sollte beginnen«, sagt der heutige Intendant. Die Stärken seines Vorgängers beschreibt Sebastian Weingarten so: »Woydas Noblesse und Feinfühligkeit, seine Bescheidenheit und Professionalität machten das Renitenz zu einer großen Familie.«

Sie schliefen am Strand

Und diese Familie hält bis heute zusammen. Im Juni 2013 führten Mathias Richling und Gerhard Woyda im Renitenztheater noch einmal ihr Valentin-Programm von 1974 auf. Im Grunde sei der Wandel der Zeit trotz Internet und neuen Kommunikationsmitteln gar nicht so rasant, findet Richling: »Denn trotz aller Veränderung verändert sich eines nie: der Mensch.«

AUS GROSSVATERS ALBUM

Gerhard Goller

Christel Leininger

Uwe Bogen

Holger Strehlow

Holger Strehlow

Was man beim Aufräumen in den Kisten so alles findet ...

Heute mal ein Bild, auf dem mein Vater abgebildet ist, das aber mehr durchs Auto glänzt, auch wenn mein Vater rechts im Bild auch einen ganz schmucken Eindruck hinterlässt. Dass es ein Opel ist, kann ich erkennen ... mehr aber nicht. Sehr scharf auch das Schild auf dem Dach der Fahrerkabine :-)

Das war bestimmt alles handgemalt und -geschrieben. Ich habe mal gegoogelt. Die Firma Ernst Munz ist wohl noch im Handelsregister, aber nicht mehr existent. Sitz war, wie auf der Rückseite lesbar, in der Hauptstätter Straße 138. Ich muss da demnächst mal hinfahren, um zu schauen, was heute in dem Gebäude ist.

Ich glaube allerdings nicht, dass das Foto in der Hauptstätter Straße gemacht wurde. Sieht mir eher nach Heusteigviertel aus ... (?) Wer der Junge links im Bild ist, kann ich nicht sagen.

Christel Leininger

Rauch steigt auf im Winter 1931.

Seite 150 Postplatzbrunnen am Rotebühlplatz. Mittnachtbau. Schlossplatz mit Neuem Schloss (linke Spalte, von oben). Stuttgarter Rathaus in den 1920er-Jahren. Geißstraße (rechte Spalte, von oben).

Seite 151 Cannstatter Volksfest (oben und rechts). Schellenturm (unten).

Ein Schloss in Flammen

1931 pilgerten Zehntausende zum tagelangen Brand in der City

Der Winter 1931/32 muss eisig kalt gewesen sein. Wer konnte, so ist überliefert, blieb daheim in seiner warmen Stube. Auf dem Stuttgarter Weihnachtsmarkt, dessen erste urkundliche Erwähnung auf das Jahr 1692 zurückgeht, war deshalb nur wenig los. In den Buden boten die Händler Hausrat, süße Leckereien und Geschirr an – Werbetafeln prangten an ihren Ständen. »Obacht«, war etwa zu lesen, »hier sind die richtigen Berliner Kravatten«. Das Stück für eine Mark. Als Eugen Zügel sein Foto des Berliner Obacht-Stands machte, dachte freilich keiner an Schlipse und Fliegen. Aus dem Alten Schloss stieg Rauch in den Himmel.

Es war jener schicksalsträchtige Winter von 1931, in dem ein tagelang nicht zu beherrschender Brand das historische Gemäuer zerstörte und drei Feuerwehrmänner ihr Leben verloren. Die Schlossruine wurde zu einer Touristenattraktion. Noch an Ort und Stelle verkauften findige Geschäftemacher Postkarten mit Brandbildern. Nach den damaligen Schätzungen sollen 30 000 Schaulustige in die Innenstadt gepilgert sein, während 600 Polizisten versuchten, sie auf Abstand zu halten. Einer der Menschen, die nicht begreifen wollten, was geschah, war Eugen Zügel mit seiner Kamera. Dessen Urenkel Marcel Zügel hat dem *Stuttgart-Album* die eindrucksvollen Fotos vom

Madeleine Schutter

Was vom Alten Schloss nach dem Brand übrig blieb.

Marcel Zügel

Gerhard Pfeiffer

Brandursache war vermutlich ein schadhafter Kamin, und ein Schwelbrand konnte sich über Tage in den Hohlräumen und Decken ausbreiten. Am 21. Dezember löste dann ein Brandmelder aus und es kam zu dem für die Stuttgarter Feuerwehr so folgenschweren Einsatz. Der Einsatz dauerte zehn Tage und durch einen Einsturz am zweiten Tag verloren drei Feuerwehrkollegen ihr Leben. Zudem gab es noch zwei Schwerverletzte, 20 Rauchvergiftungen und knapp 50 Leichtverletzte Die Feuerwehr wurde danach kritisiert, weil sie nichts gegen »Bordsteinkommandanten« unternommen habe, und auch der Gemeinderat hat sich zwei mal damit beschäftigt, um am Ende von auswärtigen Gutachtern zur Kenntnis zu nehmen, dass die Feuerwehr alles richtig gemacht hatte.

Schlossbrand vermacht. Die Sammlung des Urgroßvaters, die noch viel mehr umfasst als die rauchende Ruine, wird nach vielen Jahrzehnten der Öffentlichkeit zugänglich gemacht.

Eugen Zügel archivierte mit seinen Fotos die Extraausgabe des »Stuttgarter Neuen Tageblatts« mit der »Schilderung des Brandes in den Tagen vom 21. bis zum 26. Dezember 1931«, wie auf der Titelseite steht. »Stuttgarts Trauer«, so lautet eine Überschrift, galt drei Feuerwehrleuten, die mit Fotos abgebildet sind: Oberfeuermann W. Uebele, Paul Wetzel, Zuffenhausen, und Fr. Ada, Zuffenhausen. Am 21. Dezember gegen 8.30 Uhr hatten Polizisten Rauch bemerkt, aus dem dicker Qualm wurde. Die alarmierte Feuerwehr rückte um 10.39 Uhr mit einem Drehleiterwagen und einem Löschfahrzeug aus. Zunächst standen die Rettungskräfte ratlos vor dem Schloss, weil sie keinen Rauch mehr sehen konnten. Beim Rundgang schlugen ihnen im dritten Stock aus einer Zwischendecke, die mit Getreidespreu zur Dämmung gefüllt war, Flammen entgegen. Der Versuch, den Brand zu löschen, blieb erfolglos. Am Nachmittag stürzte der Dachstuhl ein. Verstärkung der Feuerwehr rückte an. Im Südturm wurden neue Brandherde entdeckt. Eine Mauer stürzte ein und begrub die drei Feuerwehrleute unter sich.

Wolfgang Jentzmik

Das wäre im Vergleich zu 1931 auch nicht mehr passiert?! Im Gegenteil, die Feuerwehr ist heute besser ausgerüstet. 1931 brannte das Schloss übrigens mehrere Tage – weil das Löschwasser gefror!

Marcel Zägel

Das Löschwasser ist gefroren.

Sechs weitere Tage dauerten die Löscharbeiten, bei denen etwa 60 Feuerwehrleute verletzt wurden. Es war einer der schwersten Einsätze seit Gründung der Stuttgarter Berufsfeuerwehr. Die in den Himmel aufsteigende Rauchsäule war kilometerweit zu sehen. In Süddeutschland berichteten die Radiosender und Zeitungen von dem großen Schlossbrand mit den Zerstörungen von wichtigem Kulturgut, in den Kinos liefen Filmaufnahmen davon. Immer mehr Schaulustige wollten sich das Ausmaß des Unglücks selbst ansehen. Wegen der Minusgrade gefror das Löschwasser an verbrannten Balken. Erst nach Tagen war

Marcel Zügel

Schaulustige pilgern zum Alten Schloss.

Marcel Zügel

Ruine nach dem Brand.

die Brandursache ermittelt. Ein beschädigter Kamin sollte schuld an den Zerstörungen sein. Heftige Kritik traf Branddirektor Müller. Ihm wurde vorgeworfen, das Feuer unterschätzt und die falsche Einsatztaktik verfolgt zu haben. Noch im Januar wurde damit begonnen, Geld für den Wiederaufbau zu sammeln.

Die Sanierung war noch nicht abgeschlossen, als das Schloss im Zweiten Weltkrieg durch Bombenangriffe erneut zerstört wurde.

HOLGER STREHLOW

1963 hat mein Vater mit seiner alten Voigtländer dieses Foto von Bad Cannstatt aus aufgenommen. Hinter den Weinreben im Vordergrund sind die weißen Häuser zu sehen. Die Straßenbahnhaltestelle dort heißt »Blick«. Dahinter das damalige Neckarstadion in seiner alten Form. Mit der ganz alten Tribüne und noch ohne Flutlichtanlage, die wurde erst 1963 aufgestellt. Es gab keine Schleyerhalle und keine Porsche-Arena. 50 Jahre später habe ich von der derselben Stelle, an der damals mein Vater stand, das Foto gemacht.

2./schw. Flak Abt. 436
-Blickbatterie-

Der Autor:
Der gebürtige Stuttgarter **Uwe Bogen** arbeitet als Redakteur und Kolumnist bei den »Stuttgarter Nachrichten«. In Tübingen hat er Politik und Germanistik studiert, er volontierte bei der »Pforzheimer Zeitung« und war als freier Journalist tätig. Für seine journalistische Arbeit wurde er mit dem Lokaljournalistenpreis der Konrad-Adenauer-Stiftung geehrt. Bisher hat er zehn Bücher verfasst, darunter drei Romane. Auf seiner Webseite www.uwe-bogen.de ist er als Blogger aktiv.

Der Fotograf:
Thomas Wagner, gebürtiger Stuttgarter, arbeitet seit 2008 als freiberuflicher Fotograf. Zu seinen Kunden zählen Firmen, Verbände und Zeitungen. 2006 beendete er seine fotografische Ausbildung als Kammersieger. Wagner, der auch unter dem Namen miketraffic fotografie auftritt, ist künstlerisch tätig, erstellt freie Reportagen und arbeitet auch für Privatpersonen.

Der Buchgestalter:
Der Designer **Manuel Kloker**, geboren im Schwarzwald, arbeitet selbstständig für mehrere Unternehmen im Raum Stuttgart. Nach seinem in Pforzheim abgeschlossenen Industrial-Design-Studium sorgte er mit seiner Diplomarbeit »Private Cloud« – einem schaukelnden Bett – in der internationalen Designszene für Aufsehen. 2011 gründete er zusammen mit Tobias Siewert das Modelabel »eineline«.

2. Auflage 2014

Druck: Freiburger Grafische Betriebe, Freiburg i. Br.
Printed in Germany.

ISBN 978-3-8425-1258-0

Besuchen Sie uns im Internet
und entdecken Sie die Vielfalt unseres Verlagsprogramms:
www.silberburg.de

Cornelia Neli Mei Geburtsschdaedle ond i vermisses immr no. Kennerd r mir a Bued
Breschtlingsgsells, Krombiera – Heimat! **Monika Eberspächer-Mägle** Erinnerung an
mit den besten Großeltern aller Zeiten und eine prachtvolle Stadt. **Oliver Grotz** Me
Jahrzehnten das Größte für mich, und ich entdecke immer wieder neue Wege, es ble
Baur Meine Heimat **Terry Bal** Mein Ziel **Christine Darmuth** Die schönste Stadt der W
ber One **Sieglinde Pfeiffer** Nicht weit weg von meinem Wohnort. Habe da meine D
Landeshauptstadt auch arbeiten. Wenn mich jemand aus der Ferne fragt, wo ich wo
die Summe aller Stadtteile, meine Vergangenheit, meine Gegenwart und Zukunft. **Ha**
schönste Stadt **Vicky Silvia Knauer** Meine Heimat, wo meine Wurzeln sind. Kein an
wohnheiten, Essen usw. können das ersetzen. **Oliver Haaga** Meine Heimat, und die e
hen mich vor 40 Jahr ca. 80 % verschdanda, wenn i schwäbisch gschwätzt han. Heut
Mein Herz des wilden Südens. **Andreas Weippert** Meine Heimatstadt. **Marco von I**
schock im eigenen Land. **Alexandra Susic** Meine Heimat und mein Zuhause **Oliver**
Erinnerungen an eine unbeschwerte und schöne Jugend. **Ingrid Säufferer** Heimat!
bleibt in Stuttgart. **Petra Grünwald** Lebensqualität, Flair, Kultur, Natur – die gemütl
an 65 Jahre Leben in dieser Stadt. **Walter Laessig** Die zweite Heimat. **Oliver Hauch**
garter braucht. **Sebastian Weber** Heimat, Stadt zwischen Wald und Reben. **Salvia v**
der Welt! **Sonja Schwarz** Mit allen Höhen und Tiefen eine sehr lebenswerte Stadt. **E**
terstadt und die Wiege meines Dialekts. Dass man hört, wo ich herkomme, gefällt m
Stadt mit dem von Weinbergen umgebenen Binnenhafen, den leider kaum jemand ke
weiterentwickelt. **Andrea Schwieger** Ein Stück Heimat! **Claudia Hieber** In Stuttgar
meiner Jugend, an den ich immer wieder gerne zurückkomme und jedes Mal staune, w
ram Huonker Oifach schee! **An Jusch** Jeden Tag aufs Neue ein spannendes Erlebnis u
ländle. **Anja Michler** Die Schwabenmetropole mit Herz und Flair. **Gudrun Anne-Ch**
als ich den Fernsehturm erblickte: Das ist Heimkommen! **Sabine Corea** Heimat! **Mar**
Stuttgart von Kopf bis Fuß! **Ulrich Gottweiss** Heimat, vertraut, Leben, tolle Jugend
Isabella Rossa Als früher noch mein Großpapa / mit mir an diesem Ort oft war / an
Bäumen / so wundervoll, zum ewig Träumen. / Als ich in Stuttgart ward geboren / ha
zufrieden macht, weil er ist, wie er ist und, egal, wo ich bin, mir vermittelt, dass ich e
ist Familie Figueira wieder in Brasilien. **Gitte Schmid** Stuttgart, ein großer Teil in mei
im Eiernest und den umliegenden Wäldern! Grüße an alle damaligen Bandenmitglied
allem authentisch bleiben! **Patrick Schneider** Exil und doch schon ein Stückchen He